Friedrich II.

1712–1786

Szenen seines Lebens
in Zinnfiguren

Zusammengestellt von
Jul Diederich

Dietrich Reimer Verlag
Berlin

CIP-Kurztitelaufnahme der Deutschen Bibliothek

[Friedrich der Zweite]
Friedrich II.: 1712–1786; Szenen seines Lebens in Zinn-
figuren / [Planung, Gestaltung u. Durchführung d. Aus-
stellung, Veranst.: Verein zur Förderung d. Berliner
Zinnfigurenmuseums e.V., Abt. Ausstellung; Intendant
u. Beauftragter d. Senates Berlin für d. 750-Jahr-Feier
Berlin (1987) Ulrich Eckhardt zusammen mit d. Berliner
Festspiele GmbH]. Zsgest. von Jul Diederich. –
Berlin: Reimer, 1986.
    ISBN 3-496-00860-1
NE: Diederich, Jul [hrsg.]; Verein zur Förderung des
Berliner Zinnfigurenmuseums / Abteilung Ausstellung

© Dietrich Reimer Verlag 1986
Dr. Friedrich Kaufmann
Unter den Eichen 57
1000 Berlin 45

Alle Abbildungen geben die Zinnfiguren
unmaßstäblich wider

Umschlagseite 1
Zinnfigur, entworfen und graviert von Kunstmaler Timm
zu Nürnberg im Jahre 1930. Die Form ist verschollen.
Bemalt von Karl Keim, Oldenburg
Umschlagseite 4
Friedrich II. und Voltaire im Garten von Sanssouci.
Gestaltet und bemalt von Renate Schmidt, Berlin

ISBN 3 496 00860 1

Inhalt

1. König Friedrich II. inspiziert die Wache in Potsdam
1777, nach dem Stich von Daniel Chodowiecki

Geleitwort

Am 17. August 1986 jährt sich zum 200. Male der Todestag des dritten preußischen Königs, Friedrichs II., den schon viele Zeitgenossen »den Großen« nannten und dem dieser Beiname trotz gewachsener Kritik weithin geblieben ist. Ein schwieriges und zugleich reiches Leben ging mit Friedrichs Tod zu Ende, reich an Taten wie an Wirkungen, die vielfach erst im Abstand der Jahrhunderte deutlicher hervortreten. Preußen, das Friedrich zur Großmacht erhoben und wie kein anderer geprägt hatte – durch eigene Gestaltung wie durch das Prestige seiner Persönlichkeit –, dieses Preußen ist versunken, und die demokratische Bundesrepublik Deutschland lebt heute in vielem nach anderen Grundsätzen, als sie der König lehrte und praktizierte.

Wesentlich anders ist vor allem trotz Bejahung der Landesverteidigung das Verhältnis dieses Staates zur militärischen Macht und zum Krieg als Mittel der Politik. Doch lebt vor allem im rechtsstaatlichen Element unserer Verfassung auch vieles fort, was Friedrich verwirklichte oder doch ingangsetzte, die Abschaffung der Folter etwa oder die Verbreitung des Allgemeinen Landrechts. Auch seine Leistungen in Kultur und Landesentwicklung wirken weiter, und nicht zuletzt hat seine schwierige und facettenreiche Persönlichkeit über die Jahrhunderte nichts von ihrer Kraft verloren, zu immer neuer Auseinandersetzung mit ihr herauszufordern.

Grund genug, 1986 in vielfältiger Form des großen Preußenkönigs zu gedenken. Unter den Mitteln solchen Gedenkens dürfen die Zinnfigur und die durch sie eröffneten Darstellungsmöglichkeiten historischer Ereignisse und Gestalten nicht fehlen. Außer Napoleon hat keine andere historische Gestalt Zinnfigurenhersteller und -sammler so inspiriert wie König Friedrich. Soweit sich sein Leben und Wirken überhaupt in szenische Darstellungen, in stumme, aber zugleich redende Bilder übersetzen läßt, stehen dafür Zinnfiguren in verschwenderischer Fülle zur Verfügung. Aus diesem reichen Schatz hat die in diesem Katalog beschriebene Ausstellung überlegt geschöpft und eine eindrucksvolle Auswahl von Dioramen erarbeitet. Die Stationen eines wirkungsreichen Lebens werden hier auf einprägsame Weise vorgeführt, und auch das Anekdotische kommt natürlich nicht zu kurz. Es wird deutlich, daß Friedrichs Wirken weit über den militärischen Bereich hinausging. Aber wie in Friedrichs Leben und Denken spielt die Armee naturgemäß auch in der Ausstellung eine große Rolle, nicht nur, weil die Ausstellung sonst historisch unwahrhaftig würde, sondern auch – geben wir es ruhig zu –, weil die bunt uniformierten Soldaten des 18. Jahrhunderts besonders schöne Zinnfiguren abgeben, die blauen Preußen ebenso wie die weißen Österreicher. Das Grauen des Krieges sollte über den von dieser Farbenpracht profitierenden Aufstellungen nicht vergessen werden, auch wo seine Andeutung mit den Mitteln der Zinnfigur unvollkommen bleiben muß.

Möge diese Ausstellung, die mit viel Einsatz, Sachkenntnis und Idealismus erarbeitet wurde, viele Besucher in die Welt Friedrichs einführen, zur Auseinandersetzung mit ihm anregen und zugleich neue Freunde für die Zinnfigur gewinnen.

Professer Dr. Werner Knopp
Präsident der Stiftung
Preußischer Kulturbesitz

Begleitbuch zur Ausstellung des Vereins zur Förderung des Berliner Zinnfigurenmuseums e.V.

Planung, Gestaltung und Durchführung der Ausstellung

Veranstalter
Verein zur Förderung des Berliner Zinnfigurenmuseums e.V., Abt. Ausstellung
Vorsitzender
Werner Schmidt
Projektleiter
Prof. Dr. Jul Diederich
Sekretariat
Frau H.J.G. Diederich-Jacques
Dipl. Ing. Barbara Walter
Ausstellungsgestaltung
Dipl. Ing. Jan Fiebelkorn
Dipl. Ing. Manfred Metzger
Detlef Rutsatz
weitere Mitarbeiter
Burkhard Asmuss (Unterschriften)
Dipl. Ing. Thomas Mahlke (teilweise Dioramengestaltung) (T. M.)
Siegfried Roland (Rohlinge für Dioramen) (S. R.)

zusammen mit
Beauftragter des Senates Berlin
für die 750-Jahr-Feier Berlin (1987)
und Intendant der Berliner Festspiele GmbH
Dr. Ulrich Eckhardt

Fotos für den Katalog
Claus Zeunert (farbig)
J. P. Anders (schwarz/weiß)

Ausführende Arbeiten
Merobau Berlin
Rahmenindustrie Flohr & Cie. Berlin

Leihgeber
Informationstafeln zur Geschichte des 18. Jahrhunderts:
Prof. Dr. Manfred Schlenke
Berliner Porzellanmanufaktur:
Büste Friedrichs II. nach Schadow

Gestalter der Dioramen und/oder Bemaler
hierunter Angehörige der KLIO-Berlin, Freunde der Zinnfigur

1. Aßmann, Erich (Berlin)
2. Beyer, Rupert (Berlin)
3. Diederich, Prof. Dr. Jul (Berlin)
4. Gottschalk, Gottfried (Berlin)
5. Gemeinschaft Berliner Zinnfigurenfreunde (KLIO)
6. Grandl, Dieter (Berlin)
7. Grützner, Klaus (Berlin)
8. Heinrichsen – Commerciell (Nürnberg)
9. Jacks, Christa-Maria (Berlin)
10. Keim, Karl (Oldenburg)
11. Kloss, Gisela (Berlin)
12. Kral, Till (Berlin)
13. Lamboo, J. Th. (Doorn, NL)
14. Meinicke, Thomas (Berlin)
15. Neef, Hanns (Berlin)
16. Nitz, Dipl. Ing. Wolfgang (Berlin)
17. Pachaly, Willy (Berlin)
18. Petermann, Helmut (Neustadt a.d. Weinstraße)
19. Rein, Peter (Berlin)
20. Schienke, Werner (Berlin)
21. Schmidt, Renate (Berlin)
22. Schmuck, Hans-Rudolf (Berlin)
23. Schumm, Wolfgang (Sonthofen)
24. Scharlowski, Günther (Delmenhorst)
25. Stephan, Michael (Berlin)
26. Stroschen, Karsten (Berlin)
27. Wohlmann, Ing. Wolfgang (Berlin)
28. Ziegenhagen-Porn, Uta (Berlin)
29. Latzel, Joachim (Berlin)
30. N. N.
31. Jagow, Wolfgang (Berlin)
32. Schwede, Klaus (Berlin)
33. Stephan, Dr. Hans-Jürgen (Berlin)
34. Wilms, Kurt (Bad Bergzabern)

Kapitel I

Friedrich II. in Zinn

Die kulturhistorische Zinnfigur

Es gehört zur Traditionspflege in unserem kulturellen Leben, bei »runden« Jahreszahlen Rezeptionen aus dem Blickwinkel neuerer Erkenntnisse zu dokumentieren. Diese Erkenntnisse werden im Zuge des gesellschaftlichen Wandels und an Hand sich neu anbietenden Quellenmaterials (Briefen, Öffnung von Archiven und anderen bisher unbeachteten Schrifttümern) geprägt, wobei auch geprüft wird, welche Auswirkungen bisher weniger erkennbare Zeiterscheinungen, aber auch Personen im nachhinein gehabt haben. Als vor 200 Jahren Preußens König Friedrich II. am 17. August 1786 in Sanssouci nach einem Leben, das von Absolutismus und Aufklärung geprägt war, für immer die Augen schloß, ließ sich noch nicht erkennen, welchen Ausdruck seine rastlosen und widersprüchlichen Handlungen und Taten in Miniaturfiguren aus Zinn finden würden.

Nach einer Anlauf- und Experimentierzeit von rund 200 Jahren hat die kunsthandwerkliche Gestaltung der Zinnfigur heute sowohl eine Bestätigung handwerklichen und malerischen Könnens – überwiegend in berufsungebundener Zeit – als auch eine Befriedigung von Sammelleidenschaft zum Ziel!

Dieses konnte von dem Nürnberger Zinnkannerlgießer Johann Gottfried Hilpert begreiflicherweise nicht vorausgeahnt werden, als er, um eine heutige Formulierung zu gebrauchen, eine Marktlücke entdeckte und die aufrechtstehende, aber flache Miniaturfigur in Zinn schuf (Farbbild 2).

Inspiriert durch einen euphorisch anmutenden Zeitgeist war es 1746 ein zinnerner preußischer Flügelmützenhusar, welcher der ersten Gußform aus Schieferstein entnommen wurde. Gedacht war diese Zinnfigur auch als Rettung des Handwerks der Zinngießer vor den sich im 18. Jahrhundert schnell entfaltenden Porzellanmanufakturen. Porzellan verdrängte das Zinngeschirr aus Küche, Wohnzimmer und Gaststuben.

Noch zu Lebzeiten dieses ersten Zinnfigurengraveurs Johann Gottfried Hilpert entstand auch eine zinnfigürliche Wiedergabe des Preußenkönigs Friedrich II., damals oft schon *der*

Große und auch *der Alte Fritz* genannt. Inspiriert wurde diese Gravur durch die Stiche von Daniel Chodowiecki, die Potsdamer Wachparade aus dem Jahre 1777. Dieser Künstler, der, 1724 in Danzig geboren, seit 1740 bis zu seinem Tod im Jahre 1801 in Berlin lebte, ist gerade für Zinnfigurenliebhaber von besonderer Bedeutung. Seine zeitgenössischen Zeichnungen mit Personen dienen in der Gegenwart zunehmend als Vorlagen für kulturhistorische Zinnfiguren zur zweiten Hälfte des 18. Jahrhunderts. Das vorliegende Buch wurde als Ergebnis der Vorbereitungen zur gleichnamigen Ausstellung möglich. Zweifellos trug die Begeisterung des Intendanten der Berliner Festspiele G.m.b.H. Dr. Ullrich Eckhardt für Miniaturfiguren aus Zinn dazu bei, anläßlich des 200. Todesjahres des Preußenkönigs Friedrich II. 1986 und im Vorlauf auf die 750-Jahrfeier Berlins im Jahre 1987 diese Ausstellung zu veranstalten.

Für mich als Projektleiter dieser Ausstellung bot sich gleichzeitig die Möglichkeit, durch Vergabe eines thematischen Rahmens vom bisherigen Ausstellungstyp wegzukommen, auf dem in der Regel von allem etwas gezeigt wurde, mit oftmals historisch unzutreffenden oder nur sehr allgemeinen Angaben zu den einzelnen Exponaten. Vereinsintern mag so etwas noch angehen, aber eine Ausstellung für die breite Öffentlichkeit sollte zeigen, daß mit kulturhistorischen Zinnfiguren sehr wohl Situationen mit geschichtlichem Hintergrund dreidimensional dargestellt werden können, obwohl die 30-mm-Figur als Rohling flach ist und erst durch die besondere Maltechnik plastische Wirkung erzielt. Damit wird auch eine wichtige didaktische Aufgabe für Jung und Alt erfüllt, soweit Interesse an historischem Geschehen vorliegt oder geweckt werden soll. Es muß allerdings zugegeben werden, daß die Gestalter historischer Situationen mit Vorliebe mit Zinnfiguren die Sonnenseite des gesellschaftlichen Lebens aufgreifen. Vergessen wir aber nicht, daß es sich um ein Hobby handelt. So ist auch verständlich, daß in Dioramen mit Zinnfiguren, Öl- oder Temperafarben und einigem Bastelmaterial vor allem erfreuliche Szenen längst vergangener Zeiten dargestellt werden.

Obwohl in den Kreisen von Zinnfigurenfreunden die Bezeichnung »Zinnfigurensammler« geläufig geworden ist, gibt sie eigentlich nicht richtig wieder, was Menschen, die einen aktiven Umgang mit diesen Miniaturfiguren pflegen, tatsächlich tun und aus welchen Motiven heraus sie es tun. Ob es der Homo ludens ist oder die Suche nach Selbstbestätigung in einer auf Massenproduktion und -konsum eingestellten Gesellschaft oder das bewußte Erleben kunsthandwerklicher Fähigkeiten oder ob alle diese Eigenschaften und Bedürfnisse zusammen bestimmend sind, sei dahingestellt. In jedem Falle aber ist der Umgang mit Zinnfiguren bedeutend mehr als reine Befriedigung der Sammelleidenschaft.

Der Freund kulturhistorischer Zinnfiguren wird immer über einiges handwerkliche Geschick verfügen, Freude an der Beschäftigung mit Öl- oder Temperafarben haben und außerdem bereit sein, sich mit historischen Themen, dazugehöriger Literatur, aber auch mit zeitgenössischer Malerei zu beschäftigen bzw. kritisch auseinanderzusetzen, bevor er erworbene Rohlinge von Zinnfiguren bemalt und anschließend in der einen oder anderen Form – meistens in Dioramen – aufstellt.

Das Thema »Friedrich II. in Zinn« stellte diesbezüglich schon während des Lebens Friedrichs II. ganz besondere Anforderungen, aber auch danach entstanden viele Anekdoten. Den Wahrheitsgehalt dieser Anekdoten aufzudecken ist eine Sisyphusarbeit, der wir uns nicht weiter unterzogen haben. Doch viele Zinnfiguren sind, und zwar gerade an Hand von derartigen Anekdoten, erst spät in der zweiten Hälfte des 19. und im ersten Drittel des 20. Jahrhunderts entstanden. Dabei wurden außerdem bildhafte Wiedergaben etwa aus Jugendbüchern und Sammelalben, aber auch Filmszenen benutzt.

Es geht dem Zinnfigurenliebhaber jedoch nicht um solche Überlegungen, sondern vorrangig um die historische Genauigkeit von Kostüm und Uniform (siehe Farbbild 1).

Dank vieler Forschungsarbeiten aus jüngster Vergangenheit stehen heute genaue Beschreibungen und in Form von Farbdrucken gute Vorlagen für die Bemalung der Figuren zur Verfügung. In geeigneten flachen Wandvitrinen sind die fertigen Figuren und Szenen durchaus eine ansprechende Zimmerdekoration, zumal sie von Zeit zu Zeit durch neu angefertigte ausgewechselt werden können; was natürlich auch für diejenigen gilt, die sie nicht selbst erstellen, sondern kaufen.

Um den Eindruck zu vermeiden, die dargestellten Szenen der friederizianischen Zeit zielten nostalgisch-sehnsüchtig auf eine »gute alte Zeit« oder gar einen Hurrapatriotismus, wurde diesem Buch der *Beitrag von Hans-Jürgen Moritz* (Kapitel III) hinzugefügt, der unter dem Titel »Friedrich II. – ein böser Mensch als Philosoph von Sanssouci?«, wie ihn seine Gegenspielerin Maria Theresia genannt hat, die Person Friedrichs II. und allgemeiner das von ihm mitgeprägte Preußen (-Deutschland) historisch einordnet und wertet.

Daneben enthält dieses Buch sowohl eine Bestandsaufnahme der vorhandenen Typen kulturhistorischer Zinnfiguren zur Zeit von 1712 bis 1786 (siehe Kapitel VI), sowie die Beschreibung der in 52 Dioramen gezeigten Szenen aus dem Leben Friedrichs II. Bei der Zusammenstellung der Abbildungen im Katalog ist auf eine möglichst repräsentative Auswahl der wiedergegebenen bemalten Zinnfiguren von Friedrich II. geachtet worden.

Die Vorlagen für die Miniaturen aus Zinn

Friedrich II. ist nach Napoleon I. wohl die Persönlichkeit der Geschichte, die am häufigsten und in den unterschiedlichsten Stellungen als Miniaturzinnfigur (Flach- wie auch plastische Figur) auftritt. Während bei Napoleon I. auf viele zeitgenössische Zeichnungen und Bilder zurückgegriffen werden konnte, denn Frankreichs erster Kaiser legte im Gegensatz zum Preußenkönig besonderen Wert darauf, in allen möglichen Lebenssituationen bildlich festgehalten zu werden, hat sich Friedrich II. einer Situationsporträtierung weitgehend entzogen. War es Bescheidenheit, oder entsprach es seinem zwiespältigen Wesen? Eine Frage, der mit den heutigen Erkenntnissen der Psychologie nachzugehen sich lohnen würde, was jedoch außerhalb unseres Zusammenhanges liegt.

Für diese thematische Ausstellung, die anläßlich des 200. Todestages Friedrichs II. zusammengestellt wurde, werden erstmalig alle unterschiedlichen Typen von Zinnfiguren, sowohl unbemalt als auch bemalt, gezeigt (Beschreibung siehe Kapitel VI), letztere, soweit es Typen von 30 mm Augenhöhe betrifft, auch in den 52 Dioramen (siehe Kapitel II).

Insgesamt wurden 132 unterschiedliche Typen zusammengetragen. Vor allem die Skizzen und Ölgemälde Adolph von Menzels (1815–1905) waren es, die ein Jahrhundert nach dem Regierungsantritt Friedrichs die Vorstellungen über sein Leben prägten und immer wieder als Vorlagen für Entwürfe von Zinnfiguren dienten. Zweifellos kannte Menzel die Skizzen und Gemälde von Friedrichs Künstlerfreunden Antoine Pesne (1683–1747) und Georg Wenzeslaus von Knobelsdorff (1699–1753). Diese zeitgenössischen Wiedergaben entstanden jedoch, ohne daß sich Friedrich zum Porträtsitzen zur Verfügung stellte. Zeitgenossen von Menzel wie der Zeichner und Stahlstichgraveur Wilhelm Camphausen (1818–1885), der Zeichner Dähling (1849) und der Kupferstecher Johann Friedrich Arnold, der die Zeichnung Dählings (siehe auch Diorama Nr. 29) benutzte, waren gleichfalls mit der Person des Königs beschäftigt. Entschei-

**2. Daniel Nicolaus Chodowiecki,
* 16.10.1726 zu Danzig, † 7.2.1801 zu Berlin**

denden Einfluß hatte aber das 1840 zur 100. Wiederkehr des Regierungsantritts Friedrichs II. erschienene und oft nachgedruckte Buch »Geschichte Friedrichs des Großen« von Franz Kugler mit seinen 378 Holzschnitten von Adolph von Menzel.

Daniel Chodowiecki schuf bereits 1777 einen Stich der Potsdamer Wachparade (Abb. 1). In einem Büchlein von Klaus Mauritz (»Das Taschenweltchen. Ein Essay über Zinnfiguren«, 1981 von der Bayerischen Versicherungskammer herausgegeben) wird mitgeteilt, daß die Stichvorlage den 1777 erschienenen »Physiognomischen Fragmenten zur Beförderung der Menschenkenntnis und Menschenliebe« von Johann Caspar Lavater ent-

nommen wurde. Danach gravierte Johann Gottfried Hilpert seine 120 mm große Flachfigur (Farbbild 2) die, wie Walter Onken in seinem Buch »Zinnfiguren« (1976) schreibt, gleichsam »als Ahnherr von Porträtfiguren aus allen Ländern und Zeiten gilt«. Von den Originalabgüssen sind nur noch ganz wenige Exemplare vorhanden, die mit den Signaturen *J.H. 1777* oder auch nur mit *H* versehen sind. Diese und andere flache Zinnfiguren wurden seinerzeit als Spielzeug in den Handel gebracht. Ein Exemplar wurde für diese Ausstellung als Leihgabe aus Privatbesitz zur Verfügung gestellt.

Spätere Künstler und Uniformzeichner, wie Richard Knötel (1857–1914) und Carl Röchling (1855–1925), haben den Menzelschen Entwurfsfundus genutzt und farbig angelegte Illustrationen geschaffen. Es sind vor allem diese Bilder, die den Miniaturzeichnern in der ersten Hälfte des zwanzigsten Jahrhunderts und darüber hinaus als Vorlage für Zinnfiguren Friedrichs II. dienten.

Auch die erste Berliner Zinnfigurenoffizin von G. Söhlke gab um 1825 eine Großfigur (120 mm) von Friedrich II. heraus. Zweifellos wurden auch hierbei die Stiche von Chodowiecki genutzt. Die Form ist erhalten geblieben und befindet sich bei der Firma E. Heinrichsen Nachfolger in Nürnberg. Die Bemaler aller im Text genannten und auch als Farbbild wiedergegebenen Figuren sind der Gesamttypenübersicht des Kapitels VI zu entnehmen.

Es war danach wiederum eine Berliner Offizin von J. G. Haselbach, die bereits in den 40er Jahren in 30-mm-Größe einen Friedrich II. herausgab. Die Formen von Haselbach wurden Ende des 19. Jahrhunderts von der Offizin Gebr. Rieche Hannover übernommen. Im Luftangriff auf Hannover 1943 wurden alle Gußsteine der Offizin Rieche vernichtet.

Die Haselbachfigur und zwei weitere Typen aus der Offizin Rieche wurden vom Zinnfigurenfreund Günther Scharlowski aus Delmenhorst bemalt und dankenswerterweise als Leihgabe zur Verfügung gestellt (Farbbild 3). Die Offizin E. Heinrichsen ließ in den 80er Jahren einen Friedrich II. zu Pferd gravieren.

3. Joh. Gottfried Schadow, * 20.4.1764, † 28.1.1850 zu Berlin

Auch diese bereits 100 Jahre alte Form aus Schieferstein ist vorhanden und kann noch abgegossen werden (Farbbild 1).

Bis zum ersten Weltkriege – also in einer Zeit, in der das mechanische Spielzeug für Jung und Alt gleichermaßen noch als etwas Kurioses angesehen wurde – steigerte die Zinnfigurenoffizin E. Heinrichsen nicht nur die Produktion aus vorhandenen Gußformen für eine weltweite Nachfrage, sondern ließ außerdem auch viele neue Typen gravieren, darunter auch ein Friedrich mit Adjutant zu Fuß (siehe Diorama 24).

In der zweiten Hälfte der zwanziger Jahre, in der die Zinnfigur aus den Kinderzimmern und den Spielböden gestandener Männer vor allem der elektrisch getriebenen Miniatureisenbahn weichen mußte, entsteht die Erkenntnis, daß die flache Zinnfigur sich ausgezeichnet für eine kreative Gestaltung historischer Situationen eignet.

Es entstehen wiederum bei der Offizin E. Heinrichsen Figuren mit Friedrich II., die noch heute von Zinnfigurenfreunden gerne bemalt werden und auch für Dioramen Verwendung finden.

Damit tritt vor allem seit den 20er Jahren auch der Wunsch nach einer genauen Herausarbeitung der Details u.a. der Kleidung und Uniformen auf, wie sie Kunstmaler wie Dr.

Fritsch, Dresden, und Timm, Nürnberg, liefern. Miniaturzeichner entwerfen Figuren, Graveure suchen nach feinerem Gerät, um den neuen Anforderungen dieser Miniaturzeichner zu entsprechen. Zinnfigurenfreunde gründen Vereine, um Erfahrungen im Umgang mit Zinnfiguren auszutauschen. Zaghafte Schritte für ein zweckgebundenes Schrifttum werden unternommen.

Einer der Nestoren der Zinnfigurenfreunde, Studienrat Walter Auerbach, beschrieb 1930 in der Zeitschrift »Zinnfigur« eine neue zinnfigürliche Kreation des Kunstmalers Timm als »eine hervorragend schöne Gruppe, Friedrich II. (zu Fuß) mit zwei Windspielen darstellend, die zu den besten Porträtgruppen gehört, die aus dieser Epoche bisher vorliegen und die allen Friederizianern unter den Sammlern besondere Freude machen wird«.

Auch von dieser Figurengruppe konnte ein Abguß zutage gefördert werden. Die exzellente Neubemalung ist dem Zinnfigurenfreund Karl Keim, Oldenburg (Old.), zu danken (Farbbild 4).

Einen entscheidenden Schritt unternahmen 1930 die Leipziger Zinnfigurenfreunde Klapproth, Gottstein und Ritter, als sie interessierte Personen zu einer ersten Zusammenkunft nach Leipzig einluden. Damals begann die wichtige Tradition der festlichen Zusammenkünfte der Zinnfigurenfreunde. Als Festgeschenk erhielten die Teilnehmer eine von Ludwig Frank gravierte und von Gottstein gestiftete Figur: Friedrich II. mit zweien seiner Barsois (Farbbild 5), die ihn im Gegensatz zu der bereits erwähnten Frontalfigur von Timm als alten Fritz im Profil darstellt. Die Gußform konnte Gottstein in den 30er Jahren ins Exil nach England mitnehmen; sie wurde später von den Schweizer Zinnfigurenfreunden Eugen Blum und Karl Kohlbrunner erworben und befindet sich seit 1985 im neu eröffneten Züricher Zinnfigurenmuseum.

1932 war es der in Potsdam ansässige Buchhändler und Begründer des ersten deutschen Zinnfigurenmuseums auf der Plassenburg, August Bonneß, der die Zinnfigurenfreunde nach Potsdam zu einer zweiten festlichen Zusammenkunft einlud. Den Teilnehmern wurden drei speziell für diese Zusammenkunft geschaffene Zinnfiguren übergeben (Farbbild 5). In einer Bemalung von Wolfgang Schumm wurden diese Figuren von ihm nicht allein für die Ausstellung, sondern auch für das neu zu schaffende Berliner Zinnfigurenforum mit Museum gestiftet.

Die drei Figuren (Farbbild 5) stellen Friedrich II. im Profil, Martin Luther als Frontalfigur und Napoleon I. mit Fernglas dar. Trotz eifriger Nachforschungen konnte bisher nichts über den Verbleib der Gußformen in Erfahrung gebracht werden. Ihr Stifter August Bonneß wurde in Potsdam von den Nazis verhaftet und 1944 umgebracht.

In den 30er Jahren treten die Graveure Sixtus Meier sen. und jun. sowie Ludwig Frank stark in den Vordergrund, vorzüglich im Auftrag der Offizine Bunzel, Heinrichsen und Werner Scholtz, mit bereits bemerkenswert guten 30-mm-Typen unterschiedlichster Art, darunter auch des öfteren Friedrich II.

Aus den meisten Formen werden bis zum heutigen Tage Abgüsse angefertigt.

Alle bisher ermittelten Porträtzinnfiguren sind im Kapitel VI näher beschrieben und werden auf der Ausstellung blank und zum Teil auch bemalt in den 52 Dioramen (Beschreibung siehe Kapitel II) gezeigt.

In Hans Bleckwens Nachwort zum bibliophilen Taschenbuch Nr. 276 »Der alte Fritz in 50 Bildern von Richard Knötel und Carl Röchling, nach derselben Ausgabe von 1895« (viele Illustrationen beider Zeichner dienten als Anregung für Zinnfiguren) ist zu lesen: »Friedrich hat das alles – nicht ohne Vorarbeit des Vaters – vorzuweisen und ins Bewußtsein schon der Mitwelt eingeprägt. Als er aus dem Zweiten Schlesischen Krieg 1745 nach Hause kommt, beginnt man ihn auch im Volk, also fern der höfischen Schmeichelei, den Großen

zu nennen: und als er stirbt, ist er schon längst Legende. So erreicht er nach seinem Tode die letzte Tiefe menschlichen Bewußtseins: er wird in Schlesien wie in Westfalen zur Sagenfigur.«

Die Zinnfigurengruppen

Eine der Attraktionen der Offizin E. Heinrichsen waren schon früher die Gruppen in den ¹/₂-kg-Zinnkompositionspackungen. Diese Packungen wurden vor 1914 in großen ovalen Spanschachteln, eine übliche Verpackungsform des 19. Jahrhunderts nicht nur für Zinnfiguren, als sogenannte Schlachtenpackungen auf den Markt gebracht. Heute sind diese Gruppen wieder erhältlich. Der Zinnfigurenfreund und vor allem die Bemaler sehen in diesen Gruppen für Ihre Tätigkeit eine besondere Herausforderung. Schon aus diesem Grunde ist es erfreulich, daß die Offizin E. Heinrichsen Nachfolger Abgüsse von diesen Gruppen, soweit die über 70 Jahre alten Schieferateinformen es zulassen, wieder zur Verfügung stellt. Soweit diese Gruppen auch Friedrich II. zeigen, sind sie unter den folgenden Nummern in der Übersicht (siehe Kapitel VI) der 30-mm-Figuren zu finden.

Alle hier genannten und erreichbaren Gruppen mit Friedrich II. wurden für die Ausstellung in exzellenter Bemalung von Wolfgang Schumm aus der Sammlung des Zinnfigurenfreundes Helmut Petermann (Neustadt/Weinstraße) als Leihgabe zur Verfügung gestellt, während die Zinnfigurenfreunde Peter Rein und Joachim Latzel sich bereit fanden, die beiden Gruppen Zorndorf und die Reiterfigur von der Offizin Söhlke für die Ausstellung zu bemalen.

In jüngster Vergangenheit entstanden auch bei anderen Offizinen Gruppen mit Friedrich II. Sie wurden alle in die Übersicht der 30-mm-Figuren und in die Ausstellung aufgenommen (siehe Kapitel VI).

Typen-liste Nr.	Friedrich II. anläßlich	Entstehungsjahr	bemalt in Diorama
53	der Schlacht bei Torgau, von seinem tödlich getroffenen Pferd fallend, 3. Nov. 1760	1984	35
54	nach der Schlacht bei Torgau am Abend in der Kirche von Elsnig, mit schriftstellerischen Arbeiten beschäftigt, 3. Nov. 1760	1982	37
62	eines Ausrittes zu Pferd im Trab, begleitet von zweien seiner Barsois	1939	Glasvitrine II

Für alle diese Gruppen wurden als Vorlagen Gemälde benutzt, von denen die Hochzeitsgruppe, die heute im Schloß Sanssouci zu Potsdam hängt, vermutlich von Friedrichs Freund Georg Wenzeslaus von Knobelsdorff gemalt wurde. Dieses gilt auch für die Gruppe im Boot auf dem Ruppiner See.

Von der Großfigur zur 30-mm-Figur

Nürnberg, Braunschweig und Hannover sind die traditionellen Städte, in denen Offizine der flachen Zinnfiguren aufblühten. In Nürnberg begann man mit der großen Flachfigur, wie z.B. auch die Offizin G. Söhlke, Berlin, die sich jedoch nur bis zum Ende des 19. Jahrhun-

derts halten konnte, aller Wahrscheinlichkeit nach bis zu dem Zeitpunkt, an dem die Offizin von Ernst Heinrichsen zusammen mit der Offizin Allgeyer die Standardgröße von 30 mm entwickelte und ihre Zinnfigurenproduktion darauf konzentrierte. Näheres ist im Buch von Theodor Hampe »Der Zinnsoldat« (1924, Neudruck 1983) nachzulesen.

Hier ist jedoch von Bedeutung, daß zuerst flache Großfiguren hergestellt wurden, die heute von Zinnfigurenfreunden als Raritäten gewürdigt werden. Heute finden verschiedene Offizine auch wieder zur größeren Flachfigur zurück. Unter den neuen flachen Großfiguren verschiedener Größen von 40 bis 120 mm sind auch verschiedene Typen von Friedrich II.

Die Nachfrage nach diesen Figuren entsteht wohl infolge der immer verfeinerten Maltechniken wie auch aufgrund des Wandels der Spielgewohnheiten und des breiten Angebots anderer Sammelbeschäftigungen. Der Zinnfigurenfreund wendet sich vom bloßen Sammeln der verfeinernden Bemalung der Miniaturen aus Zinn zu.

Es wurden 15 verschiedene Typen gefunden, sie stammen aus den Offizinen von Ruthard Bunzel (Hamburg), Werner Fechner (Michelsbach), Daniel Hohrath (Eßlingen), Hans G. Lecke (Rehburg-Lockum), Werner Scholtz (Berlin), Hans-Heinz Winglewski

(München) und Marleen Worbs (Ahrensburg) (Farbbild 7, 8, 9 und 10). Auch hier lieferten Maler und Zeichner wie Menzel, Camphausen, Röchling, aber vor allem Daniel Chodowiecki die Vorlagen. Auch nach den Denkmälern von Schadow, Schuch und den Reliefdarstellungen des Reiterstandbildes von Rauch, Unter den Linden zu Berlin, wurden flache Großfiguren entworfen und graviert. Für den Zinnfigurenliebhaber kommt es auch bei diesen Typen ausschließlich auf allergenaueste Bemalung bis ins letzte Detail an.

Die 20-mm-Zinnfiguren von Friedrich

Unter den Nestoren der Anwendung der flachen Zinnfigur waren es zu Anfang der Niedersachse Friedrich Schirmer (Burgdorf) und der Schlesier Norbert Mittmann, die 20-mm-Figuren – ursprünglich als Hintergrundfiguren für Dioramen gedacht – anfertigen ließen. Für Friedrich Schirmer war es der Gaveur H. G. Lecke, der drei Porträtfiguren dieser Größe von Friedrich II. schuf. Für die eigene Offizin gravierte H. G. Lecke nach dem Stich von Daniel Chodowiecki auch noch einen Friedrich zu Pferd.

In Berlin ist es die Offizin von Gottfried Gottschalk, für die H. G. Lecke und Rolf Grüne-

wald nach den Zeichnungen der 30-mm-Serien von Karl Heinrichs 20-mm-Figuren gravieren. Es sind Serien von Szenen aus dem Leben Friedrichs II. Hier entsteht zweifellos eine Type Miniaturfigur, deren Bedeutung noch nicht zu übersehen ist, zumal sehr feines Malgerät eine exzellente Bemalung zuläßt und deren Aufstellung – auch in Dioramen – als Zimmerdekoration nur sehr geringen Raum erfordert (siehe Glasvitrine I). In Farbbild 11 kommt der Größenunterschied von 20-mm- und 80-mm-Figuren gut zum Ausdruck.

Friedrich II. als plastische Miniaturfigur aus Zinn

Die Welt der Zinnfigurenliebhaber tat sich lange sehr schwer, auch der plastischen Zinnfigur Anerkennung und Würdigung zu zollen. Solange diese Figuren aus reinem Blei waren und als reines Spielzeug in einer oftmals sehr oberflächlichen und historisch kaum noch akzeptablen Form – was Modellierung und Bemalung betraf – auf dem Markt erschienen, waren diese Figuren für den Zinnfigurenliebhaber einfach nicht salonfähig. Inwieweit deren in England liegende Herkunft unter den deutschsprachigen Zinnfigurenfreunden außerdem zur Ablehnung beigetragen haben mag, soll hier nicht weiter in die Betrachtungen ein-bezogen werden.

Jedoch hat es vor allem die Firma Brittain Ltd. in London verstanden, in den 30er Jahren pla-stische Figuren modellieren zu lassen – die Technik der Herstellung ist eine andere als die für flache Zinnfiguren –, die historisch genau waren und den Miniaturliebhaber dazu brach-ten, sich auch mit diesen Figuren anzufreun-den.

Zu Beginn der zweiten Hälfte des 20. Jahrhun-derts erleben wir dann schnell eine zuneh-mende Produktion der plastischen Figur als Zinnguß von 20 bis 120 mm, auch 3-D-Figur genannt. Alle möglichen Persönlichkeiten aus der 5000jährigen Geschichte der Menschheit erfahren ihre Nachbildung en miniature. Da-zu kamen dann sowohl militärische als auch zivile Figuren. Heute ist es möglich, auch mit derartigen Figuren Dioramen herzustellen, obwohl die Vielfalt, die die flache 30-mm-Zinnfigur bietet, bei weitem nicht (oder noch nicht) erreicht ist.

Die Zinnfigurenfreunde Kneuttinger und Krieger haben im Kulmbach-Almanach 1985 erstmalig eine Liste der Produzenten von voll-plastischen Zinnfiguren veröffentlicht. Sie enthält die stolze Zahl von 228 Namen, zumeist Engländer und US-Amerikaner, so-wie Angaben dazu aus welcher Periode sie

Figuren herstellen. Im Rahmen dieser Veröf-fentlichung war es aus Zeitmangel nicht mög-lich, zu ermitteln, wer alles eine oder mehrere Porträtfiguren (3-D) von Friedrich II. anbie-tet. Unter den Berliner Freunden von Minia-turfiguren bemühte sich anerkennenswerter-weise Werner Schienke darum, wenigstens die 3-D-Typen zusammenzutragen (Farbbild 12), die in Berlin zu finden waren. Immerhin konnten 14 unterschiedliche Typen von Friedrich II. gefunden werden, darunter 4 Exemplare, die der Archivverlag Braun-schweig dem Berliner Zinnfigurenmuseum ge-schenkt hat. Die Größen dieser Figuren sind recht unterschiedlich und liegen zwischen 30 mm und 90 mm. Sie sind vor allem als Vitri-nenfiguren geeignet. In der Übersicht des Kapitels VI werden unter anderem die Leihge-ber der Figuren genannt.

Diese 3-D-Figuren sind überwiegend vom Hersteller bemalt, wurden aber einer Prüfung auf historische Genauigkeit unterzogen. Die Serienbemalung von Zinnfiguren im Auftrag der Offizin zeigt oftmals Mängel der Kostüme und Uniformen, da eine historisch einwand-freie Bemalung sehr viel Zeit erfordert und die Figuren als Handelsobjekte uninteressant machen würde. Das gilt für die plastischen wie für die flachen kulturhistorischen Zinnfiguren.

Eine Figurenbilanz von Friedrich II. aus Zinn

In Kapitel VI ist eine tabellarische Übersicht aller bisher ermittelten Miniaturfiguren von Friedrich II. in Zinn zusammengestellt. Es wurde von der Kodierung für den Internationalen Typenkatalog ausgegangen, der in den Jahren 1956 bis 1972 von der Niederländischen Stiftung zur Förderung der Anwendung kulturhistorischer Zinnfiguren begonnen und seit 1984 vom gemeinnützigen Verein zur Förderung des Berliner Zinnfigurenmuseums weitergeführt wird.

Unter Hinzuziehung dieses Kataloges wurden folgende Typen von und Gruppen mit Friedrich II. ermittelt.

		Anzahl
1	30-mm-Flachfiguren Friedrich II. zu Fuß	33
2	30-mm-Flachfiguren Friedrich II. zu Pferd	21
3	30-mm-Gruppen mit Friedrich II. zu Fuß	19
4	30-mm-Gruppen mit Friedrich II. zu Pferd	8
5	Flache Großfiguren Friedrich II. zu Fuß	4
6	Flache Großfiguren Friedrich II. zu Pferd	11
7	Plastische Figuren Friedrich II. zu Fuß	13
8	Plastische Figuren Friedrich II. zu Pferd	3
9	20-mm-Flachfiguren Friedrich II. zu Fuß	7
10	20-mm-Flachfiguren Friedrich II. zu Pferd	2
11	Figuren Friedrich II., deren Gußformen verloren sind	10
12	Nachtrag	1
	insgesamt:	132

In den Übersichten des Kapitels VI sind nähere Angaben zu jeder Zinnfigur Friedrichs II. zu finden. Für Mitteilungen über bisher nicht gefundene Typen mit den entsprechenden Kodierungen ist der Projektleiter der Ausstellung »Friedrich II. in Zinn« sehr dankbar.

Anläßlich der Ausstellung Friedrich II., Szenen seines Lebens in Zinnfiguren, wurden die hier abgebildeten Serien in 30-mm-Zinnfiguren herausgegeben vom Verein zur Förderung des Berliner Zinnfigurenmuseums e.V., Berlin Entwürfe Renate Schmidt, Gravuren Hans G. Lecke

Begegnung König Friedrichs II. mit
Kaiser Joseph II. zu Neiße 1769

Preußischer   Friedrich II.   Joseph II.
Adjudant

Einschiffung nach Cythera, nach dem
Gemälde von Antoine Watteau, 1714

Auswahl flacher und plastischer Zinn-figuren in verschiedenen Größen von und mit Friedrich II.

1. Vergleich der Bemalung einer 30 mm flachen Zinnfigur. Links sogenannte Fabriksbemalung vor 1900 als Spielfigur und daneben künstlerische aus dem Jahre 1985, siehe Kap. VI, Nr. 73

2. Die erste flache Zinnfigur des Preußenkönigs (80 mm) 1777 von Johann Gottfried Hilpert nach dem Kupferstich von D. Chodowiecki graviert (originale Bemalung) siehe Kap. II und VI, Nr. 105

3. Figuren der Offizin Haselbach und Gebr. Rieche in Berlin – Hannoveraner-Größe (ca. 33 mm). Mitte 19. Jahrhundert, siehe Kap. II und VI, Nr. 111, 112, 113

4. 30 mm Figur vom Kunstmaler Timm zu Nürnberg 1930 entworfen und graviert, siehe Kap. II und VI, Nr. 110 und Umschlag

5. 30 mm flache Zinnfiguren, angeboten den Teilnehmern der ersten zwei Zusammenkünfte der Freunde der Zinnfigur. Links Leipzig 1930, rechts Potsdam 1932, siehe Kap. II und VI, Nr. 108 und 109

6. Links mit Seydlitz bei Roßbach 1757, rechts mit Ziethen bei Leuthen 1757, Gruppe 30-mm-Figuren, siehe Kap. II und VI, Nr. 38 und 43

7. Neuere Großfiguren. Links 100 mm, rechts 50 mm, siehe Kap. VI, Nr. 84 und 86

8. Neuere Großfigur, nach dem dreiteiligen Gemälde von Werner Schuch, siehe Kap. VI, Nr. 86

9. Neuere Großfiguren. Links mit Voltaire → um 1750, rechts Friedrich nach Kolin 1757, siehe Kap. VI, Nr. 90 und 82

10. Figuren von 20 mm bis 80 mm, siehe Kap. VI, Nr. 81, 87, 92, 73, 60, 99 Foto Dr. Kloss

11. Drei plastische (3 D) Zinnfiguren, Größe 54 mm, siehe Kap. VI, Nr. 116, 124 und 120

12. Plastische (3 D) Zinnfigur, Größe 90 mm, siehe Kap. VI, Nr. 126

Auswahl von Dioramen mit 30 mm flachen Zinnfiguren

13. König Friedrich Wilhelm I. von Preußen und Kronprinz Friedrich mit König August von Polen und Kurfürst von Sachsen zu Dresden im Séparée der schönen Formosa 1728 (Diorama 5)

14. Begegnung mit den Tänzerinnen Barbara Campanini und Marianne Cochois in Berlin 1747 (Diorama 19)

15. Im Gespräch mit Voltaire in der Bibliothek von Sanssouci 1750 (Diorama 20)

16. Sprachstudien mit Voltaire im Garten von Sanssouci 1752 (Diorama 23)

17. Übernachtung des Königs zwischen seinen Soldaten im Dorfe Örtscher nach der verlorenen Schlacht bei Kunersdorf 1758 (Diorama 33)

18. am Lagerfeuer in der Nacht vor der gewonnenen Schlacht bei Liegnitz 1760 (Diorama 34)

19. Impression, wie es nach einer Schlacht ausgesehen haben möge (Diorama 36)

20. Nach der Schlacht von Torgau in der Kirche von Elsnig 1760. Der König schrift-stellerisch tätig (Diorama 37)

21. Die besondere Vorliebe Friedrich II. für den französischen Maler Antoine Watteau führte 1763 zum Ankauf des Gemäldes Embarquement pour Cythére (Diorama 41)

22. 1764 ließ Friedrich auch das neue Palais zu Potsdam errichten und inspektierte oftmals den Fortgang der Arbeiten (Diorama 42)

23. In dieser
Kutsche reiste
häufig König
Friedrich II. 1765
(Diorama 43)

24. Schreibtischfleiß in
Sanssouci 1766
(Diorama 44)

25. Sobald der König auf seinem Pferde in Potsdam erschien, jubelte die Schuljugend ihm zu 1779 (Diorama 47)

26. Im Schloß zu Berlin wurde der 81jährige General Joachim Hans von Ziethen 1780 empfangen mit dem Zuruf »Bleibe er doch sitzen« (Diorama 50)

**27. Letzte Tage im Garten von Sanssouci 1786
(Diorama 51)**

**28. Johann Sebastian Bach spielt der
Hofgesellschaft 1748 zu Potsdam vor
(Diorama 18)**

Ausschnitte aus Dioramen mit flachen 30 mm Zinnfiguren.

29. Kronprinz Friedrich II. folgt der Gräfin Anna Orczelska inmitten der Festteilnehmer am Hofball zu Dresden 1728 (aus Diorama 4)

30. Der Kronprinz trifft 1734 im Lager von Prinz Eugen vor Philippsburg ein (aus Diorama 7)

31. Wachsoldaten an den
Toren Berlins 1740 (aus
Diorama 9)
Foto Dr. Klass

32. König Friedrich II.
im morgendlichen
Gespräch 1740 (aus
Diorama 10)

33. Die Ulanen des Regimentes von Gneumar von Natzmer 1740 (Ausschnitt aus Diorama 11)

34. Der König teilt 1740 in Rheinsberg seinem ersten Minister von Podewils und General Schwerin seinen Entschluß mit, in Schlesien einzumarschieren (Figuren des Dioramas 12)

35. Friedrich mit seinem Hund Biche 1745 (Zentrale Figur des Dioramas 15)

36. Die eroberten österreichischen Fahnen bei Hohenfriedberg 1745 (Figuren aus dem Diorama 16)

37. Friedrich II. besucht seine Schwester Wilhelmine in Bayreuth 1755 (Figurenprobe zum Diorama 24)

38. Rückzug nach der verlorenen Schlacht bei Kolin 1757 durch den Ort Nimburg in Böhmen (Teil des Dioramas 29)

39. Friedrich II. führt mit der Fahne der Füsiliere diese zum entscheidenden Gegenstoß bei Zorndorf 1758 (Ausschnitt aus Diorama 32)

40. Einige Fahnen des neu geordneten Heeres nach dem Frieden von Hubertusburg 1763 (Figuren aus Diorama 40)

41. Friedrich II. und sein Wallach Condé 1781 (Figuren aus Diorama 49)

42. Der König macht sich 1785 in Sanssouci zum Spaziergang bereit

Kapitel II

Die Dioramen der Szenen aus dem Leben Friedrichs II.

Einleitung

Den Beschreibungen der Dioramen mit Szenen aus dem Leben Friedrichs II. (1712–1786), die Berliner Zinnfigurenfreunde gestalteten und als Leihgaben für diese Ausstellung zur Verfügung stellten, sind zum besseren Verständnis noch einige Bemerkungen voranzustellen.

Einerseits sind zu jedem Diorama, die immer nur Momentwiedergaben von Szenen aus dem Leben dieses Preußenkönigs sein können, kurze Beschreibungen der historischen Hintergründe gegeben, andererseits ist beim Lesen und Betrachten der Bildwiedergaben zu beachten, daß es hier um die Würdigung eines Menschen geht, der sich mit seinen Handlungen zwischen fürstlichem Absolutismus und der geistigen Strömung der Aufklärung bewegte.

Als Kronprinz war er mehr den Musen von Kunst und Philosophie zugetan als dem »barbarischen« Wesen seines Vaters, der für die Ambitionen seines Sohnes kein Verständnis hatte. König Friedrich Wilhelm I., grobschlächtig, wie er war, wollte den Kronprinzen zu seinem Ebenbild und damit gleichwertigen Nachfolger machen.

Friedrich II. war dem Vater geistig weit überlegen, was er in jeder Hinsicht nutzte, wenn es darum ging, dem Vater Vorteile für sich abzunötigen.

Die Möglichkeiten des gestaltenden Zinnfigurenfreunds sind jedoch durch die vorhandenen Figuren bereits begrenzt. Der aufmerksame und geschichtlich interessierte Betrachter wird sehr bald bemerken, daß vor allem die Sonnenseite der Person Friedrichs II. in den Dioramaszenen Gestaltung erfahren hat. Deshalb wurde dem Buch das Kapitel III von Hans-Jürgen Moritz hinzugefügt.

Darüber hinaus sind die Vorlagen, Gemälde, Zeichnungen und Stiche zum großen Teil über ein Jahrhundert nach dem Regierungsantritt Friedrichs II. entstanden. Sie sind vom Zeitgeschmack geprägt und relativ freie Schöpfungen des jeweiligen Künstlers. Der Zinnfigurenfreund dagegen ist einerseits von den vorhandenen Zinnfigurentypen abhängig, andererseits von dem Material für die Gestaltung der Umgebung im Diorama. Schon diese Abhängigkeiten schließen ein vollständiges Kopieren der Vorbilder aus. Trotzdem ist es möglich, in der Miniaturperspektive der Zinnfigur Situationen aus der Vergangenheit so zu gestalten, daß dem Betrachter historisch gravierende Momente erkennbar werden. Daß außerdem noch durch die feine Bemalung der Zinnfigur vor allem auch kostümkundliche Informationen präsentiert werden, ist heute ein besonderes Anliegen aller Zinnfigurenfreunde. Die große Vielfalt vorhandener 30-mm-Figuren in den unterschiedlichsten Haltungen und Stellungen (siehe Kapitel VI) ermöglicht bei geschickter Auswahl und Aufstellung der Figuren eine beeindruckend lebendige Gestaltung der jeweiligen Szene.

In den nachfolgend beschriebenen Dioramen wurde überwiegend von zeitgenössischen Beschreibungen ausgegangen. Danach wurde geprüft, ob für die Gestaltung eines Dioramas geeignete Zinnfiguren vorhanden sind. Kostüm- und uniformkundliche Unterlagen fanden Verwendung, um die Figuren historisch genau zu bemalen, wobei sowohl Künstleröl- als auch Temperafarben verwendet wurden. Diese angestrebte historische Genauigkeit entspricht den von Zinnfigurenfreunden angestellten ernsthaften Überlegungen zu ihrer Tätigkeit.

Editorische Notiz

Die Kodeziffern hinter dem Diorama bedeuten

Zahl in ( ): Gestalter des Dioramas und Bemaler der Figuren;

Zahl in [ ]: mitwirkende Bemaler der Figuren;

Zahl in = =: Verwendete Figuren aus der Kollektion von …;

Zahl in / /: Entgültiger Formgeber des Dioramas.

Schlüssel für diese Zahlen siehe Kapitel VI des Kataloges.

Historische Notizen zu den Dioramen

Szenen aus dem Leben des Kronprinzen 1712 bis 1740

Diorama 1. (5) [17, 22] /TM/ Die Jahre 1717 bis 1720

Friedrich Wilhelm I., der »Soldatenkönig«, zeigt seinem Sohn Friedrich die »langen Kerls« (Figur Kronprinz Friedrich, eigene Auswahl)

Diese Riesengarde, von denen keiner unter 1,90 Meter maß, muß auf den Kronprinzen, der schon in sehr jungen Jahren in Potsdam beinahe täglich bei der Besichtigung seinen Vater Friedrich Wilhelm I. begleiten mußte, einen nachhaltigen Eindruck gemacht haben. Später begriff Friedrich, daß es sich um eine Manie seines Vaters, dem die Geschichte den Beinamen »Soldatenkönig« gab, handelte. Friedrich wußte später nur zu gut, daß er seinem Vater, um ihn versöhnlich zu stimmen, keinen größeren Gefallen tun konnte, als ihm derartige Riesenburschen bei seinen Besuchen aus Rheinsberg mit nach Potsdam zu bringen. Es war Friedrich, der, nachdem alle Bestrebungen seines Vaters fehlgeschlagen waren, durch Zwangsheiraten übergroßer Menschen entsprechenden Nachwuchs zu erzeugen, von Rheinsberg aus mit Hilfe seiner Freunde sowie des österreichischen Gesandten, des Grafen Friedrich Heinrich von Seckendorff in den 30er Jahren des 18. Jahrhunderts in ganz Europa Erkundungen einziehen ließ, wo derartige riesige Männer lebten, um sie anschließend mit allen Mitteln, einschließlich Entführung, für die Potsdamer Königsgarde anzuwerben.

Deutsche, Lothringer, Kurländer, aber auch Litauer, Polen Tartaren, Bosniaken und sogar ein zwanzigjähriger Türke wurden so nach Potsdam dirigiert. Eines Tages wurde ein sechs Fuß und vier Zoll großer Niederländer für die Summe von 6000 Talern – eine stolze Summe für die damalige Zeit, in der schon ein Jahreseinkommen von 500 Talern ein sorgenfreies Leben ermöglichte – nach Ruppin geholt und dort eingekleidet, um dann dem Vater in Potsdam als Überraschung präsentiert zu werden. An diesen Geschenken maß König Friedrich Wilhelm I. Liebe und Zuneigung seines Sohnes. Die Manie des Soldatenkönigs ging selbst so weit, daß übergroße Abbildungen der »Langen Kerls« die Wände des Schlafgemaches des Königs zierten.

Eine der ersten Regierungshandlungen von Friedrich II. nach dem Tode seines Vaters 1740 war die Auflösung dieser Riesengarde.

Diejenigen, die aus vertraglichen Gründen nicht entlassen werden konnten, wurden dem Heiducken-Bataillon zugewiesen.

Diorama 2. (11)   Um das Jahr 1720

Der junge Kronprinz verteilt in Tangermünde Brezeln an die Bevölkerung
(Figur Kronprinz Friedrich, siehe Kapitel VI, 2)

In den Kinderjahren des Kronprinzen Friedrich fuhr die königliche Familie jährlich einmal zu seinen Großeltern mütterlicherseits, dem Kurfürsten Georg Ludwig von Hannover und seiner Gemahlin Sophie Dorothea. Die Mutter des Kronprinzen hatte den gleichen Namen. In der alten Kaiserstadt Tangermünde wurde übernachtet. Des öfteren wird in den Biographien darauf hingewiesen, daß Preußens zweiter König Friedrich Wilhelm seinen Sohn besonders liebte und alles tat, um von ihm gleichermaßen geliebt zu werden, was jedoch bei seiner Erziehungsmethode nicht gelang. Schon in den jüngsten Kinderjahren begriff der König nichts von Geist und Ambitionen des Prinzen. Das hinderte ihn jedoch nicht, auf alle Wünsche des Prinzen

einzugehen, um ihn für sich zu gewinnen. In Tangermünde gehörte es zu den größten und vergnüglichsten Abwechslungen des jungen Kronprinzen, einen bestimmten Bäckerladen aufzusuchen, nachdem vom Vater das notwendige Kleingeld brummend zur Verfügung gestellt worden war, um Brezeln und anderes Gebäck unter herbeigeeilten Kindern und neugierigen Erwachsenen zu verteilen. Das gefiel Friedrich viel mehr als die bereits im fünften Lebensjahr begonnenen 54 Übungen des preußischen Exerzierreglements. Auch seine Spielsachen waren ausschließlich militärischer Art, denn der Vater war der Meinung, daß nur so aus dem Kronprinzen der spätere König in Preußen erwachsen würde. Friedrich wurde gedrillt. Dieser Drill glich einer Tyrannei seines grobschlächtigen Vaters. Seine empfindsame, freiheitsliebende und zur Melancholie neigende Natur ertrug sie jedoch schweigend und suchte in engstem persönlichen Kontakt mit der Mutter und der drei Jahre älteren Schwester Wilhelmine, der späteren Gräfin von Bayreuth, einen seinen Empfindungen entsprechenden Ausgleich. Dazu gehörte unter anderem auch die unschuldige Verteilung von Backwerk in Tangermünde.

50

1728. Erlebnisse auf dem Maskenball zu Dresden von August dem Starken, König von Polen und Kurfürst von Sachsen

Die vorhandenen thematischen Zinnfiguren ermöglichen die Erstellung von drei Dioramen:

Diorama 3. (28) /SR–TM/

Gräfin Orczelska am Spinett mit Friedrich
(Figur Kronprinz, Kapitel VI, 3)

Der Kronprinz und die Tochter August des Starken, Gräfin Anna Orczelska, musizieren im Zwinger zu Dresden.

Diorama 4. (27) /SR–TM/. Farbbild 29

Der Maskenball im Dresdener Zwinger,
Friedrich mit der Gräfin Orczelska im
Vordergrund
(Figur Kronprinz Kapitel VI, 4)

Diorama 5. (16). Farbbild 13
Im Séparée der schönen Formera
(Figur Kronprinz Kapitel IV, 5)

Während des Balls erlaubte sich August der Starke einen burlesken Scherz. Das eintönige Leben und die durch Vorwürfe und Erniedrigungen vor Familie und Freunden immer unerträglicher werdende Beziehung zwischen Vater und Sohn wurde im Januar 1728 durch einen vierwöchigen Besuch am Hofe Augusts des Starken zu Dresden anläßlich eines Hofballes unterbrochen. Darüber sind viele, einander widersprechende Berichte und Meinungen bekannt geworden.

Ob es eine jugendliche Prahlerei des Kronprinzen war, der in einem Brief an seine Schwester Wilhelmine »aus der großen Welt« schreibt und mit »Frédéric le filosophe« unterzeichnet oder die fantasievolle Wiedergabe seiner Schwester, der sogar eine böse Zunge nachgesagt wird, ist hier nicht zu entscheiden. Als sicher gilt, daß Friedrich Wilhelm I. mit dem König-Kurfürsten von Polen-Sachsen einen sehr freundschaftlichen Kontakt unterhielt.

So besuchte August der Starke auch Friedrich Wilhelm im Tabakskollegium zu Königswusterhausen. Dort bewies er sich als gleichwertiger Teilnehmer beim Pokolieren. Beide Potentaten gründeten die »Gesellschaft der Nüchternheitsfeinde«. Trotzdem waren es zwei unterschiedliche Charaktere, Friedrich Wilhelm puritanisch und obendrein geistlos,

August der Starke fein gebildet und allen Freuden des Lebens im Übermaß zugetan.

August der Starke – ein Hüne und von enormen körperlichen Kräften – hatte einen besonderen Sinn für Kunst und erwarb u. a. auch die vom Großvater Friedrich Wilhelms angelegte Antikensammlung. Dieses Geschäft wurde jedoch nicht mit Geld beglichen, sondern zwei sächsische Dragonerregimenter wechselten zum Ausgleich ihren obersten Herren.

Ein Gegenbesuch in Dresden war fällig, zumal der vom Architekten Pöppelmann erbaute Zwinger fertig war und zur Besichtigung einlud. Ursprünglich wollte Preußens König diese Reise alleine unternehmen, aber mit Hilfe des sächsischen Gesandten in Berlin, Ulrich Friedrich von Suhm, erreichte Wilhelmine, daß August der Starke die Teilnahme des preußischen Kronprinzen wünschte. Friedrich Wilhelm ließ seinem Sohn daraufhin ein goldverschnürtes Hofkleid schneidern, und sogar die Diener erhielten eine neue Livree.

Friedrich traf in Dresden mit der um einige Jahre älteren Tochter Augusts des Starken, Anna Gräfin von Orczelska zusammen. Beide musizierten zusammen, sie am Spinett, er spielte Flöte.

Kugler schrieb über 100 Jahre später, leider ohne Quellenangabe: »... ihr schöner Wuchs, ihr adliger Anstand, die feine Bildung ihres Geistes, die heitere Laune, von der sie beseelt war, gaben ihr etwas unwiderstehlich Anziehendes. Nicht selten erschien sie in Mannskleidern, die aber nur dazu dienten, den Reiz ihrer Erscheinung zu erhöhen. Friedrich fühlte sich bald von glühender Leidenschaft ergriffen, und seine Wünsche fanden bei der schönen Gräfin kein abgeneigtes Gehör.« Adolph von Menzel fertigte einen Holzschnitt dieser Szene auf dem Kostümball an, der als Vorlage für eine Zinnfigurengruppe genutzt wurde und im Vordergrund des Diorama 4 zu sehen ist.

Es ist wiederum Friedrichs Schwester Wilhelmine, die von weiteren Begebenheiten auf diesem einige Wochen dauernden Fest zu berichten weiß. So soll August der Starke seine Brandenburger Gäste in ein reich verziertes Zimmer geführt haben. Ein Vorhang erhob sich und zeigte der überraschten Gesellschaft, unter denen sich auch der 16jährige Friedrich befand, ein unerwartetes Bild, dazu schrieb Wilhelmine: »Ein Mädchen im Zustand unserer ersten Eltern vor dem Sündenfall lag lässig auf einem Ruhebett. Dieses Wesen war schöner als man Venus und die Grazien beschreibt. Ihr Elfenbeinleib war weißer als Schnee und trefflicher gebildet als die berühmte Statue von Medici in Florenz. Das Gemach, das diesen

Schatz umschloß, war mit so viel brennenden Kerzen geziert, daß ihr Licht die Augen blendete und der Schönheit der Göttin neuen Glanz verlieh. Die Urheber dieses Scherzes hegten nicht den geringsten Zweifel, daß der entzückende Gegenstand auf das Herz des Königs Eindruck machen werde, doch sollte es ganz anders kommen.«

Empört verließ Friedrich Wilhelm den Raum, seinen Sohn vor sich herstoßend. Und hier gehen die Meinungen über die Auswirkungen für Friedrich weit auseinander. Er selbst hat sich nie zu dieser Situation und der lieblichen Formera geäußert. Ob die Zinnfigurengruppe diese Situation richtig erfaßt, bleibt fraglich.

1730 während einer Reise mit dem Vater durch Süddeutschland fand der mißglückte Fluchtversuch statt. Es ist durchaus nicht der erste Fluchtversuch eines Hohenzollernprinzen. Sowohl Großvater als auch Urgroßvater haben sich als Prinzen durch das heimliche Verlassen des kurfürstlichen Hofes zu Berlin den strengen und reglementierenden Erziehungsmethoden ihrer absolutistisch regierenden Väter, auch in ihren Familien und im besonderen an dem Erbprinzen, zu entziehen versucht. Erst sich lang hinziehende Verhandlungen veranlaßten die Kronprinzen, wieder an den Hof der Väter zurückzukehren. König

Friedrich Wilhelm I. sah darin jedoch Hochverrat.

Der folgende Auszug aus dem Protokoll der Vernehmung des gefangenen Kronprinzen am 12. August 1730 durch den König und Vater selbst zu Wesel am Rhein erhellt den Zwiespalt zwischen beiden und dessen Ursachen.

Der König: »Warum wollte er desertieren?«

Der Kronprinz Friedrich: »Weil Sie mich nie wie einen Sohn, sondern wie einen Sklaven behandeln.«

Der König: »Damit ist er nichts als ein gemeiner Deserteur, der auch nicht einen Funken von Ehre in sich hat.«

Friedrich: »Ich habe soviel Ehre wie Sie, ich habe nichts getan als was Sie, wie Sie mir schon hundert Mal vorgehalten haben, an meiner Stelle tun würden.«

Die Tragödie wäre vollkommen gewesen, wenn nicht anwesende Offiziere den wütenden König daran gehindert hätten, seinen eigenen 18jährigen Sohn als Antwort mit seiner Klinge einfach zu durchbohren. Trotzdem mußte der Staatsräson Genüge getan werden. Friedrich wurde mit seinem Freund und Helfer Katte – der andere war Keith, der sich der Gefangennahme entziehen konnte und das gemeinsame Ziel England erreichte – auf Befehl des Königs in der Festung Küstrin in sicheren Gewahrsam genommen und Katte mußte mit seinem Leben bezahlen.

In der Folge unterwarf sich Friedrich dem Willen des Vaters, den er als absolut herrschenden König anerkannte, nunmehr widerspruchslos. Dazu gehörte auch die vom Vater arrangierte Heirat. Chronisten und durchaus ernstzunehmende Biographen weisen jedoch immer wieder darauf hin, daß es Friedrich sein Leben lang reute, das Leben seines Freundes Katte nicht gerettet zu haben.

Zum Jahr 1733, der 12. Juni
Diorama 6. (17) /TM/

Die Hochzeit des Kronprinzen mit der Prinzessin Elisabeth Christine von Braunschweig-Bevern
(Figurengruppe Kapitel VI, 6)

Die Heirat Friedrichs mit der schweigsamen, aber durchaus charmanten und hübschen Prinzessin Elisabeth Christine von Braunschweig-Bevern (Abb. 4) wurde mit untertänigem Gehorsam seinem Vater gegenüber vollzogen. Friedrich erklärte in einem Gespräch mit dem Grafen von der Schulenburg: »... aber später werde ich meine Frau sitzen lassen und auf meine Weise leben.« Der

4. **Prinzessin Elisabeth von Braunschweig-Bevern, Gemahlin von Friedrich II., nach einem Gemälde von Antoine Pesne im Schloß Charlottenburg, Foto J. P. Anders**

Graf protestierte und berief sich dabei auf die Gebote Gottes und der Anständigkeit. Was Friedrich zu erwidern veranlaßte: »Ich werde ja meiner Frau dieselbe Freiheit lassen.« Seiner Vorstellung entsprach mehr eine Erzherzogin mit umfangreichem Landbesitz usw.

Am 10. März 1732 wurde die Verlobung in Berlin öffentlich begangen. Nach den Glückwünschen wendete sich Friedrich von Prinzessin Elisabeth ab und würdigte sie keines Blickes mehr. Er sprach mit verschiedenen Gästen und reiste danach nach Nauen zu seinem Regiment ab, das ihm vom König als Gegenleistung für seine Bereitschaft, mit der Braunschweiger Prinzessin in den Ehestand zu treten, übertragen worden war.

Aus seiner Garnison schrieb er manchen Brief an seine Schwester und auch an den Minister Grumbkow, der seinerseits mit Prinz Eugen und dem österreichischen Gesandten von Sekkendorff gemeinsames Spiel machte, um eine eheliche Verbindung des Kronprinzen mit England zu verhindern.

Aus den vielen Briefen Friedrichs ist zu entnehmen, daß der König verärgert darüber war, daß er seiner Angetrauten nicht schrieb. Friedrichs Reaktion: »Man will mich mit Stockschlägen verliebt machen, doch da zum Unglück nicht die Gemütsart der Esel besitze fürchte ich sehr, daß dies mißlingen wird.« In einem anderen Brief an seine Schwester ist zu lesen: »... ich liebe das weibliche Geschlecht, bin aber flatterhaft, ich verlange von ihm nur den Genuß und hinterher verachte ich es ...«

Am 12. Juni 1733 wurde die Hochzeit mit allem erdenklichen Prunk in Berlin vollzogen und am 27. Juni 1733 zog das Kronprinzenpaar festlich in die Stadt ein. 4 Regimenter Kavallerie, 11 Regimenter Infanterie und das Husarenkorps standen vor dem Köpenicker Tor zur Begrüßung des 60spännigen Wagens bereit.

Die Zinnfigurenszene gibt nur das Zusammentreffen von Friedrich, Prinzessin Elisabeth und einigen Personen des königlichen Hofes im Berliner Stadtschloß wider.

Zum Jahr 1734 Juli bis Oktober Diorama 7. (6). Farbbild 30

Kronprinz Friedrich bei Philippsburg im Lager des Prinzen Eugen (Figur Friedrich, eigene Wahl)

Nach dem Tod August des Starken, gleichzeitig König von Polen und Kurfürst von Sachsen, entstanden in Europa Streitigkeiten um die Nachfolge im Wahlkönigtum Polen.

5. Prinz Franz Eugen von Savoyen,
* 18.10.1663 zu Paris, † 24.4.1736 zu Wien

Als Bewerber für die polnische Krone traten auf Kurfürst August II. von Sachsen, der von Rußland und Österreich unterstützt wurde, und der Schwiegersohn Ludwigs XV. von Frankreich, Stanislaus Leszczynski, der bereits vorher einige Jahre König von Polen gewesen war.

Ludwig XV. erklärte im Oktober 1733 Österreich den Krieg, nachdem August II. mit Waffengewalt als König eingesetzt worden war. Friedrich Wilhelm I. verbündete sich mit dem Zaren und dem Kaiser. Er sagte Karl VI. 40000

Soldaten zu, vorausgesetzt, die Erbfolge im Herzogtum Berg und Jülich ginge an Preußen über.

Hierüber entstand das übliche Gerangel, und Friedrich Wilhelm I. sandte im Frühjahr 1734 nur ein Viertel der zugesagten Soldaten.

Daneben sah Friedrich Wilhelm hier eine günstige Gelegenheit, daß der Kronprinz den Krieg aus eigenem Anschauen kennenlerne.

Friedrich seinerseits sah in der Teilnahme eine willkommene Gelegenheit, sich der Beobachtung durch seinen mißtrauischen Vater entziehen zu können.

Am 7. Juli 1734 traf Friedrich im Lager des Prinzen Eugen (Abb. 5) in Wiesenthal, unweit des von den Franzosen belagerten Philippsburg ein und begrüßte den 71jährigen Prinzen Eugen mit den schmeichelnden Worten: »Ich bin gekommen, um zuzusehen, wie ein Held Lorbeeren erringt.«

Eugen ließ es aber kampflos zu, daß die Franzosen die Stadt einnahmen.

Außer schlechten Wegen, etlichen Trinkgelagen, Achsenbrüchen und nicht erforderlichen Strapazen, kleineren Scharmützeln und beinahe ziellosem Hin- und Hermarschieren erlebte Friedrich nicht viel vom eigentlichen Krieg.

Später sagte er zum französischen Botschafter Joachim Jakob de la Chetardie: »Ich kann

Ihnen versichern, daß, wenn auch mein Leib bei den Kaiserlichen ist, mein Herz doch immer auf Ihrer Seite sein und Ihnen das Beste wünschen wird.«

Im September löste sich die Armee der Kaiserlichen langsam auf, und Friedrich kehrte nach Rheinsberg zurück.

Diorama 8. (21).   Die Jahre 1735 bis 1740

Friedrich mit seinen Rheinsberger Freunden am Ruppiner See
(Figur Friedrich, Kapitel VI, 21)

In einer schweren Stunde 1759 erklärte Friedrich seinem Confrére Henry de Catt: »Was ich von ihm in meinem theologischen Stücke angeführt habe, ist mir im Gedächtnis geblieben von meiner Lektüre, die ich in meinem so glücklichen Rheinsberg getrieben habe.« »In Rheinsberg, Sire?« »Ja dort, und nur dort; und ich habe es seitdem nicht wiedergesehen, wie Sie sich denken können.«

Im Buch von Kugler findet sich auf Seite 111 ein Ausspruch des Kronprinzen: »... ich möchte gerne einen Arm hingeben, um das Leben des Königs um 20 Jahre zu verlängern, wollte auch er nur mich nach meiner Neigung

leben lassen.« Aber das wollte der Vater eben nicht und ließ ihn nicht in Ruhe.

Neben den regelmäßigen Aufenthalten bei seinem Regiment in Neuruppin und Nauen, den Besuchen am Hofe in Berlin und Potsdam, hielten ihn auch vom Vater aufgetragene Inspektionen der weiter abgelegenen Provinzen Preußens häufig von Rheinsberg fern.

Aus Briefen Friedrichs ist zu entnehmen, daß »zwei Seelen in seiner Brust« lebten.

Den von ihm gefürchteten Vater ließ er immer wieder seine »treugehorsamste« Unterordnung wissen, während er gleichzeitig seiner Schwester Wilhelmine mitteilte, daß sein Vater ihn nach »Preußen beordere«. Das sei »ein wenig anständiger, als nach Sibirien, aber nicht viel«. Doch er reiste, 1735, dem Willen des Vaters folgend, und berichtete seine Beobachtungen mit gezielten Vorschlägen zu Besserungen an seinen Vater. Den Minister Grumbkow ließ er wissen, wenn der König nicht vor Jahresende die Vorratsscheunen öffne, zweifellos eine furchtbare Hungersnot diese Provinz heimsuchen werde.

Das kleine Städtchen Rheinsberg liegt 20 Kilometer nördlich von Ruppin. Damals wurde dieser Ort beinahe ausschließlich von französischen Hugenotten und deren Nachkommen bewohnt. Das Schloß selbst liegt am Grimericksee. Hier verbrachte der Kronprinz mit

6. Spaziergang am Ruppiner See, im Hintergrund Schloß Rheinsberg, nach einem Gemälde von Antoine Pesne im Schloß Charlottenburg, Foto J. P. Anders

seinen französisch-stämmigen Freunden die nach seiner eigenen Einschätzung schönste Zeit seines Lebens.

Der französische Historiker Pierre Gaxotte spricht nach eingehenden Studien von der »Republik von Rheinsberg«.

Obwohl Friedrich das Schloß Rheinsberg als Hochzeitsgeschenk bereits 1733 vom Vater vermacht wurde, konnte es erst 1736, aber immer noch unfertig, bezogen werden. Sein ihm ergebener Baumeister Georg Wenzeslaus von Knobelsdorff – 13 Jahre älter als Friedrich, als Hauptmann aus der preußischen Armee ausgeschieden und nach Reisen nach Italien und Versailles konsequenter Klassizist – ließ große Teile niederreißen und vollkommen neu gestalten.

Erst im November 1739 ist einem Brief Friedrichs an seine Schwester Wilhelmine zu entnehmen, daß das Schloß nun möbliert ist und mit »vergoldeten oder versilberten Holzschnitzereien ausgestattet. Die meisten meiner Gemälde sind von Watteau und Lancret, beide Meister der Brabanter Schule«.

Nicht das ganze Jahr wurde in Rheinsberg verbracht. An den jährlichen großen Revueen in Berlin nahm man teil, ebenso an den Hoffesten im November und Dezember. Ostern wurde im Familienkreis in Potsdam verbracht, ohne wesentlichen Bezug zu den religiösen Handlungen.

Ein Brief Friedrichs an seinen Vertrauten Oberst Paul Heinrich von Camas, Sprößling einer französischen Emigrantenfamilie, im Dezember 1739, der seinen Vater charakterisiert: »Neben einem Vater, der so reizbar ist, darf ich mich nie der Hoffnung hingeben, ein Leben in Frieden führen zu können. Ich muß ihn als meinen schlimmsten Feind betrachten, der mich unaufhörlich belauert, um mir im geeigneten Augenblick den tödlichen Streich zu versetzen. Ich muß unablässig auf der Hut sein; der geringfügigste Fehltritt, die kleinste Unvorsichtigkeit, eine Bagatelle, ein Nichts, das aufgebauscht und übertrieben wird, kann mein Verderben sein ... Ich habe Befehl, Donnerstag in Berlin einzuziehen. Mein Regiment ist mit sechs Fuß hohen Beweisstücken versehen, daß es eine wahre Freude ist. Wenn man durch genaue Beobachtung der Vorschriften gerettet werden kann, werden wir es sein. Wenn man durch ein korrektes Exerzieren dem König hofiert, werden wir es tun. Wenn man durch die fürsprecherische Gewalt heranmarschierender Kolosse in Berlin sein Glück machen kann, so kann ich fest auf das meine vertrauen.«

Aus den ersten fünf Jahren des jungen Königs 1740 bis 1745

Zum Jahr 1740

Diorama 9. (5) /SR/ = 35 = /TM/
Farbbild 31

Wachparade am ehemaligen »Brandenburger Thor«
(Figur Friedrich, Kapitel VI, 27)

Das heutige Brandenburger Tor entstand sechs Jahre nach dem Tod Friedrichs II. Ihm kam unter den Toren Berlins – die Stadt war noch mit einer Mauer umgeben, die erst während der Regierungszeit Friedrichs II. verschwand – eine besondere Bedeutung zu.

Von der damaligen langen Brücke – heute die Schinkelbrücke zu Museumsinsel, Dom, Kulturpalast und anderen Gebäuden – führte bereits ein mit Linden bestandener Weg, auch

Diorama 10. (14)Farbbild 32

Im Schloßgarten zu Potsdam
(Figur Friedrich, Kapitel VI, 74)

7. Das »Brandenburger Thor« um 1740, nach einem
Kupferstich von P. Chodowiecki

geeignet für Pferdefuhrwerke, zu diesem Tor.
An diesem Weg wurde während der Regierungszeit Friedrichs II. ein Teil der repräsen-
tativen Gebäude erstellt, die die Straße »Unter
den Linden« zum Zentrum Berlins machten.
Schon zum damaligen Brandenburger Tor,
das im Diorama maßstäblich nachgebildet
wurde, gehörten das Kommandanturhaus der
Stadtwache und entsprechende Unterkunfts-
räume für die Mannschaften.
So oft Friedrich II. in Berlin weilte, nahm er
beobachtend an der Wachablösung teil (Abb. 7).
Vor dem Brandenburger Tor im Tiergarten
wurden schon damals unter dem Namen »in
den Zelten« Ausflugs- und Vergnügungsstät-
ten für Berlins Bevölkerung, die inzwischen
auf 90000 Einwohner angestiegen war, einge-
richtet.

Es gehörte zu Anfang der Regierungszeit des
28jährigen Königs Friedrich II. noch dazu, im
Garten des Stadtschlosses zu Potsdam mit seinen Freunden der Rheinsberger Zeit und den
aus der Umgebung seines Vaters übernomme-
nen und noch Verantwortung tragenden Män-
nern spazieren zu gehen, um deren Meinungen zu tagespolitischen Themen zur Kenntnis
nehmen zu können.
Alle teilten die Auffassung, daß Friedrich ein
auffallend hübscher Mann mit einer charmanten und einnehmenden Art war. Meistens –
auch bei diesen Begegnungen und Gartenge-
sprächen – trug er die Uniform eines Obersten
der Infanterie.
Es waren diese Gespräche, die danach auch zu
rastloser Regierungstätigkeit führten.
Beinahe ohne Unterbrechung ließ er seine
selbst verfaßten Kabinettsordres erscheinen.
Er setzte – wenigstens auf dem Papier – seine
philosophischen Gedanken der Rheinsberger
Vergangenheit um.
Er verfügte die Öffnung der staatlichen Vor-
ratskammern, um einer Brotteuerung entge-

genzuwirken, hob den Bauzwang auf, der in der despotischen Regierungszeit seines Vaters viele Berliner ruinierte, schaffte die Tortur ab, verbot die Plackereien von Rekruten, führte Strafmilderung für Kindesmörderinnen ein, fügte dem Generaldirektorium eine Abteilung für Handel und Manufakturen hinzu, erteilte den Landbewohnern die Erlaubnis, zum Familiengebrauch Bier selbst zu brauen, und erließ eine feierliche Erklärung, daß im gesamten preußischen Hoheitsbereich jeder nach seiner Fasson selig werden kann.

Zum Jahre 1740
Diorama 11. (7.) = 33 =. Farbbild 33

Bei seiner ersten Truppenparade auf dem Tempelhofer Feld mit seinem Bruder Heinrich
(Figur Friedrich, Kapitel VI, 31)

Jedes Frühjahr wurde auf dem Tempelhofer Feld – damals weit vor den Toren Berlins – eine Revue abgehalten. So auch 1740. Hierbei beförderte er seinen Freund aus der Küstriner Zeit von Natzmer zum Major und übergab ihm die Führung eines blauen Regiments.
Karl Dubislaw von Natzmer gehörte zu den beiden in der Domänenkammer zu Küstrin beschäftigten Adligen, mit denen Friedrich

nur über die Verfassung des Landes, Polizeisachen, Landwirtschaft, Buchhaltung und Religion sprechen durfte. Es war jedoch von Natzmer, mit dem er auch Themen besprechen konnte, die der König ausdrücklich verboten hatte, wobei Friedrichs Eitelkeit unterstützt und er als Kronprinz behandelt wurde. Im Gefecht bei Oberndorf, unweit Glogau, versagte Natzmer mit seinen Ulanen und die Eskadron wurde kurzerhand aufgelöst.

Zum Jahr 1740, am 28. Oktober
Diorama 12. (2). Farbbild 34

Mit dem Minister Podewils und Marschall Schwerin
(Figur Friedrich, Kapitel VI, 7)

Zum Jahr 1740, am 16. Dezember
Diorama 13. (3) = 33 =

Der Einmarsch in Schlesien
(Figur Friedrich, Kapitel VI, 12)

In einem waren sich die Kurfürsten und Könige Brandenburg-Preußens alle einig, auch Friedrich II. bestätigte dies in seiner

8. Heinrich Graf von Podewils, erster
Staatsminister im Cabinet Friedrich II.,
* 1687, † 1749

Geschichte des Hauses Brandenburg: »Wozu
Verträge, wozu Allianzen, wozu Rechtsan-
sprüche anerkennen, wenn damit eine weitere
Stärkung einschließlich Gebietserweiterungen
diesem Streben im Wege stehen.«
Im Klartext heißt das: Bündniswechsel gehörte zur selbstverständlichen Außenpolitik
des Hauses Brandenburg, wobei die Vergrößerung der territorialen Macht, auch mit militärischen Mitteln, im Vordergrund stand.
Nach vielem Hin und Her hatte Friedrich

Wilhelm I. 1726/28 im Vertrag von Königs-
Wusterhausen der »Pragmatischen Sanktion«
zugestimmt, das heißt der weiblichen Thron-
folge in Österreich.
Das hinderte Friedrich nicht daran, die ver-
meintlich günstige Lage nach dem plötzlichen
Tod Kaiser Karls VI. auszunutzen und gegen
die junge Königin Maria Theresia loszuschla-
gen. Bereits am 20. Oktober 1740 ruft er seinen militärischen Berater Feldmarschall
Schwerin und den Minister Podewils nach
Rheinsberg, um ihnen ohne viel Umschweife
zu eröffnen, daß das Heer gegenüber Crossen
zusammengezogen sei und ohne weitere
Kriegserklärung in Schlesien einmarschieren
werde. Einwendungen seines Ministers Podewils (Abb. 8) läßt Friedrich nicht gelten und
begibt sich über Berlin, wo im Schloß eine ver-
gnügliche Zusammenkunft stattfindet, noch
vor Morgengrauen zu seinem Heer, um beim
Einmarsch am 16. Dezember 1740 dabeizu-
sein. Diese Situation ist im Diorama Nr. 16
dargestellt. Militärischen Widerstand gab es
nicht, da Österreich kaum Garnisonen in
Schlesien unterhielt.
Auch lehnte Friedrich es zeit seines Lebens ab,
Maria Theresia als Kaiserin anzuerkennen. Er
sprach von ihr nur als Königin von Ungarn.
Die gut gedrillte preußische Armee hatte
Friedrich von seinem Vater übernommen.

Jetzt setzte er sie gezielt ein, 83000 Mann. Österreich besaß zum gleichen Zeitpunkt auf dem Papier höchstens 100000 Mann, und Frankreich, mit einer zehnmal größeren Einwohnerzahl als Preußen, hatte rund 160000 Soldaten.

In Schlesien wurde mit 22000 Mann, 13000 Pferden und 34 Kanonen verschiedenen Kalibers einmarschiert. Der erste Winterfeldzug Friedrichs trug den Charakter eines Blitzkrieges und war schon am 3. Januar 1741 nach einem Sondervertrag mit dem Stadtrat von Breslau beendet.

9. Graf Karl Christoph von Schwerin, Generalfeldmarschall von Friedrich II., * 28.10.1681, gefallen vor Prag am 6.5.1757

Zum Jahr 1741, am 10/11. April
Diorama 14. (3) [27] = 33 =

Die gute Nachricht vom Ausgang der Schlacht bei Mollwitz
(Figur Friedrich, Kapitel VI, 63)

Mollwitz wird oft als die erste erfolgreiche Schlacht Friedrichs II. im Ersten Schlesischen Krieg bezeichnet.

Die österreichische Kavallerie griff mit ungeahnter Wucht die preußische rechte Flanke an und wußte in der preußischen Infanterie größte Verwirrung anzurichten (Abb. 9). Schwerin befürchtete eine nicht mehr aufzu-

haltende Auflösung der Preußen bei diesem ersten militärischen Zusammentreffen mit den Österreichern und beschwor den König, seine Person in Sicherheit zu bringen.

In Begleitung einer kleinen Eskorte, an Oppeln vorbei, das von Österreichern besetzt war, wurde im Dorf Löwen auf dem Weg nach Breslau, gänzlich erschöpft, in einem Bauernhaus gerastet.

Gegen 2 Uhr morgens wurde der König von einem von Schwerin gesandten Leutnant eingeholt mit der Meldung, daß es Schwerin doch noch in letzter Minute gelungen war, die Infanterie neu zu formieren. Das sichere Schnellfeuer der preußischen Infanterie wußte alle Angriffe der Österreicher zum Erliegen zu bringen.

Dieser Bericht erzeugte bei Friedrich erst wilde Flüche, um danach auf sein Pferd zu springen und zu den im Stich gelassenen Soldaten zu eilen. In seiner »Geschichte meiner Zeit« (1746) wird nichts von diesem Vorfall berichtet, aber er formuliert über sein militärisches Versagen ein strenges Urteil:

»Mein Verhalten war … verdammenswert. Ich bin von den Plänen des Feindes unterrichtet und treffe keine Vorkehrung sie zu verhindern; ich weise meinen Truppen zu weit voneinander entfernte Quartiere an, die ihnen keine Möglichkeit geben, sich miteinander zu vereinigen; ich lasse mich vom Herzog von Holstein abschneiden und versetze mich dadurch in die Notwendigkeit, in einer Lage zu kämpfen, in der ich im Falle eines Unglückes keine Rückzugsmöglichkeit habe und Gefahr laufe, die ganze Armee zu verlieren; statt endlich vor Mollwitz, wo der Feind kantonierte, mit Nachdruck gegen ihn vorzurücken …, aber in der ganzen Armee gab es nur einen Mann von Erfahrung, den Marschall Schwerin, die anderen tappten im Dunkeln

und glaubten alles verloren … Was uns trotz alledem gerettet hat, war die Schnelligkeit unserer Maßnahmen und die außerordentliche Genauigkeit, mit der sie von den Truppen befolgt wurden.

Mollwitz war meine Schule. Ich stellte über meine Fehler gründliche Überlegungen an, die mir späterhin zum Nutzen gereichen sollten.«

Zum Jahr 1745

Diorama 15. (3) [21] = 33 =. Farbbild 35

Friedrich verbirgt sich mit seinem Hund Biche vor einer österreichischen Pandurenpatrouille (Figur Friedrich, Kapitel VI, 14)

Immer wieder sind es Anekdoten aus den Kriegsjahren, die Maler im 19. Jahrhundert dazu brachten, Friedrich II. darzustellen. So auch ein Bild von Carl Röchling, das als Vorlage für eine Zinnfigurenszene benutzt wurde: Friedrich II. sitzend auf Steinen mit seinem Barsoi Biche, dessen Schnauze er zuhält.

Es wird erzählt, daß der König sich unter einer Brücke versteckt hielt, bis die unerwartet erschienene Pandurenpatrouille zu Pferd wieder abgezogen war.

Zum Jahr 1745, am 4. Juni
Diorama 16. (19) Farbbild 36

Die in der Schlacht von Hohenfriedberg
eroberten Fahnen
(Figur Friedrich, Kapitel VI, 15)

Die Militärhistoriker sind sich in der Beurteilung, wie es zur Schlacht bei Hohenfriedberg kam, einig: Friedrich hatte, alle sich bietenden Geländevorteile nutzend, am 4. Juni um 3 Uhr morgens marschierende Österreicher und Sachsen in der Flanke überraschend angegriffen. Es waren vor allem die Bayreuther Dragoner, die bei ihren Attacken den Österreichern über 60 Fahnen abnahmen.

Richard Knötel hat diese Szene in einem Gemälde festgehalten, eine Darstellung für die Offizin Neckel, um entsprechende Zinnfiguren zeichnen und gravieren zu lassen, die zur Gestaltung des Dioramas verwendet wurden. Mit den Schlachten und Siegen Hohenfriedberg, Soor und Kesselsdorf fand der 2. Schlesische Krieg sein Ende, und im Frieden von Dresden (24. Dezember 1745) erkennt Österreich die Eroberung Schlesiens durch Friedrich II. an.

Jahre des Friedens, der Kunstförderung, Schriftstellerei und Poesie 1746–1756.

Der Frieden von Dresden im Dezember 1745 brachte nicht nur die endgültige Einverleibung des reichen Schlesiens in das Königreich Preußen, sondern bei Friedrich auch die Sicherheit, sich nunmehr der geistigen Hebung Preußens widmen zu können.

Mit seiner Vorliebe für die französische Kultur strebte er einen ähnlichen Standard auch für Preußen an. Auf allen Gebieten kultureller Betätigungen wie Theater, Oper, Ballett, Musik, Literatur, Architektur und Wissenschaften entfaltete Friedrich besondere Aktivitäten.

Hierzu wurden an Hand von historiographischen Beschreibungen verschiedene Dioramen mit Zinnfiguren gestaltet.

Der Geist des 18. Jahrhunderts ersann sich in der Kunst einen Stil, dem nichts Großes anhaftete: Nur die Anmut des Kleinen, Zierlichen, der graziösen Niedlichkeit wurde in allen Zweigen der Kunst, Kultur und Wissenschaft verkörpert. Es war der Stil und das Wesen des Rokoko. Um so erstaunlicher muß der Tatendrang Friedrichs anmuten.

Es war der Franzose Lenotre, der in der Barockarchitektur im ausgehenden 17. Jahrhundert den vollendetsten Ausdruck der damali-

gen Herrscheridee entstehen ließ. Der Roko-
kostil war eine Reaktion darauf. Für das
Rokoko waren mittelalterliche Formen
undenkbar.

Die Vielfalt der Formen des Rokoko erforder-
ten vor allem unbegrenzte Räumlichkeit im
Denken und in der baulichen Raumnutzung.
Diese großzügige Nutzung des Raumes über-
nahm man aus Frankreich. Sie wurde mit aller
Energie von Friedrich in und um Sanssouci
verwirklicht.

Nachdem Friedrich schon während des ersten
und zweiten Schlesischen Krieges seinem
Hofbaumeister Wenzeslaus von Knobelsdorff
Anweisungen zum Umbau der königlichen
Schlösser in Berlin und Potsdam gegeben
hatte, dieser aber keine Lust zum Briefeschrei-
ben zeigte, wandte Friedrich sich an seinen
Freund und Vertrauten Jordan, mit der
Bemerkung: »Veranlassen Sie dort, daß der
dicke Knobelsdorff mir sagt, wie er es mit
Charlottenburg, meinem Opernhaus und
meinem Garten hält?«

Diorama 17. (2)

*Neugründung der Preußischen Akademie
der Wissenschaften in Berlin*
(Figur Friedrich, Kapitel VI, 19)

Die unter seinem Vater verwahrloste und
praktisch zum Erliegen gebrachte Akademie
der Künste und Wissenschaften, bereits 1703
von Leibniz ins Leben gerufen, beschäftigte
Friedrich zunehmend schon während seiner
Feldzüge in und um Schlesien. Vor allem ging
es ihm darum, zur Hebung der geistigen Kultur Preußens international anerkannte – wie
konnte es anders sein – französische Wissen-
schaftler nach Berlin kommen zu lassen.

Rechnung tragen mußte er allerdings auch den
verbrieften Rechten der Angehörigen der
Akademie.

Erst nach seiner Rückkehr nach Berlin nach
dem Frieden von Dresden gelang es ihm, den
berühmten französischen Mathematiker
Pierre Louis de Maupertuis endgültig zu be-
wegen, nach Berlin zu kommen, und gegen
alle internen Widerstände 1746 zum Präsiden-
ten der Akademie zu ernennen.

In der 1900 erschienen »Geschichte der
Königlich Preußischen Akademie der Wissenschaften zu Berlin« sind die Querelen der

damaligen Mitglieder der Akademie ausführlich wiedergegeben.

Vor allem wehrte man sich dagegen, daß ein Gelehrter und dazu noch ein Ausländer über dem höchsten Staatsbeamten als Präsident stehen sollte.

Am 10. Mai 1746 erschienen die in Anlehnung an das straffe Reglement der Pariser Akademie von Maupertuis im persönlichen Auftrag des Königs entworfenen Statuten. Sie wurden in einer Sitzung am 23. Juni 1746 in Gegenwart von Friedrich verlesen, der sich nun Protektor der Akademie nannte.

Maupertuis wurde ihr Präsident und Französisch ihre Sprache.

Zum Jahr 1747, am 7. Mai
Diorama 18. (11) /SR–TM/ Farbbild 28

Johann Sebastian Bach am Klavier
im Stadtschloß zu Potsdam
(Figur Friedrich, eigene Wahl)

Der französische Forscher Lue André Marcel gibt uns eine mit Quellen belegte aufschlußreiche Darstellung dieser Situation. Voraus schickt er ein Zitat von C. M. von Weber aus dem Jahre 1821: »Von Zeit zu Zeit sendet die Vorsehung Heroen, und J. S. Bach gehört zu diesen Kunstheroen.«

Verständlich, daß Friedrich II. auf Anregung des Grafen von Kayserlingk J. S. Bach an seinen Hof nach Potsdam einlud.

Diese Einladung mußte öfters wiederholt werden, bis er endlich kam. Friedrich II. war erregt, als Bach endlich eintraf und rief: »Der alte Bach ist gekommen.« Er forderte ihn auf, sofort alle Cembalos im Schloß von Potsdam zu bespielen. Der König gab ihm nicht einmal Zeit, seine Reisekleidung zu wechseln.

Die Improvisationen des großen Künstlers beeindruckten Preußens König sehr, aber er wollte vor diesem Mächtigen der Musik doch nicht zurückstehen und gab ihm auf, eine Fuge zu einem von ihm gegebenen Thema zu Gehör zu bringen. Bach improvisierte sofort eine dreistimmige Fuge auf dem Cembalo, und der König rief aus: »Könnte er jetzt eine sechsstimmige Fuge über mein Thema improvisieren?«

Aber J. S. Bach bat, über diese schwierige Aufgabe erst in Ruhe und in eigener Umgebung nachdenken zu dürfen.

Friedrich war der Meinung, daß diese Leistung dem Meister nicht gelingen würde und sehr erstaunt, als nach einiger Zeit diese komponierte sechsstimmige Fuge – »Das musikalische Opfer« – über die Post bei ihm eintraf.

Friedrich bemerkte, daß »die häusliche Umgebung Bachs durchaus geeignet sei, auch sechsstimmige Fugen zu komponieren«. Diese Umgebung war Sachsen, in der damaligen Zeit mit Österreich verbündet, Feindesland.

Zum Jahr 1747

Diorama 19. (3) [15] /T.M./. Farbbild 14

Mit Barbara Campanini und
Marianne Cochois
(Figur Friedrich, Kapitel VI, 17)

Der Entfaltung des Balletts der Berliner Oper schenkte Friedrich besondere Aufmerksamkeit. Er ließ nach den berühmtesten Ballerinas Ausschau halten. In London fand man Barbara Campanini (1721 in Parma geboren). Sie hielt sich in Venedig auf, als sie den Ruf an die Berliner Oper erhielt. Sie wollte jedoch nicht abreisen, da ihre Gage noch nicht geregelt war. Hierzu schreibt Pierre Gaxotte: »Friedrich verfuhr mit ihr wie sein Vater mit den langen Kerls, er ließ sie entführen«, zahlte nachher ein dreifaches Ministergehalt, und damit war Barberina für das Ballett der Berliner Oper gewonnen, mit der königlichen Auflage, »in den Opern so zu tanzen, wie es die Ballets erfordern. In den Komödien aber haben Sie

10. Die Tänzerin Barbara Campanini (genannt Barbarina), nach einem Gemälde von Antoine Pesne im Schloß Charlottenburg, Foto J. P. Anders

11. Die Tänzerin Marianne Cuchois, nach einem Gemälde von Antoine Pesne im Schloß Charlottenburg, Foto J. P. Anders

die Wahl zu tanzen, wie es Ihnen beliebt ... Auf Wiedersehen, Charmante Barberina ...« (Abb. 10).

Vorgetanzt wurde in ihrer Wohnung in der Berliner Beerenstraße, wo sich der gesamte Rheinsberger Freundeskreis einfand und Friedrich auch auf der Flöte mitmusizierte. Pesne malte beide angehimmelten Ballerinas – auch Marianne Cochois (Abb. 11) –, wonach die Zinnfiguren angefertigt wurden, die im Diorama zu sehen sind.

Unbeschwerte Tage in Sanssouci 1748 bis 1753

Diorama 20. (16). Farbbild 15   Um 1750

Besuch bei Voltaire in der Bibliothek
(Figur Friedrich, Kapitel VI, 23)

Diorama 21. (13)   Um 1750

Flötenkonzert
(Figur Friedrich, Kapitel VI, 17a)

Diorama 22. (16).

Mit Voltaire spazieren gehend
(Figur Friedrich, Kapitel VI, 19)

Diorama 23. (21).Farbbild 16   Um 1751

Philosophie und Sprachstudium im Garten
(Figur Friedrich, Kapitel VI, 24)

Es existiert ein Kupferstich von N. A. Monsiaú, abgedruckt in: »Paläste, Schlösser, Residenzen«, Verlag Westermann, Braunschweig. Nach diesem Stich wurden sowohl die Zinnfiguren geschaffen als auch das Diorama 23 gestaltet.
Friedrich hatte Voltaire während seines Aufenthaltes in Sanssouci die Bibliothek als Arbeitsraum zur Verfügung gestellt. Dort ver-

12. Zinnfigurengruppe Klio Berlin, nach einem Kupferstich von Wilhelm Camphausen

MÉMOIRES
POUR SERVIR
À
L'HISTOIRE
DE
BRANDEBOURG.

NOUVELLE EDITION
REVUE ET AUGMENTÉE

TOME I.

IMPRIMÉ
POUR LA SATISFACTION DU PUBLIC.
MDCCLVIII.

13. Titelblatt eines der Bücher von Friedrich II., die zu seinen Lebzeiten erschienen

brachte er viele Stunden mit Korrekturarbeiten.

Der Verbleib Voltaires in Sanssouci 1750–1753 war aber nicht die erste Begegnung (Abb. 12). Schon kurz nach dem Regierungsantritt Friedrichs 1740 trafen sich diese beiden so unterschiedlichen Männer im Schloß Moyland bei Kleve. Friedrich lag damals fiebrig zu Bett und konnte Voltaire nur dort empfangen. Dieser ersten Begegnung ging ein lebhafter Briefwechsel voraus, in dem der damals 28jährige König seinem Herzenswunsch Ausdruck gab: »… ce sera le plus charmans, jour de ma vie je crois que jeu mourrai, mais dumoins on ne peut chosir de guire de mort plus aimable …« Er unterzeichnete diese Zeilen mit: »Adieu cher Voltaire, je vous embrasse mille fois Fréderic.« (Abb. 13).

Die französische Rechtschreibung war nicht die stärkste Seite Friedrichs. Sein Wunsch, Voltaire längere Zeit bei sich zu haben, wurde zweifellos bestimmt von der Absicht, diesen als Korrektor seiner französisch verfaßten literarischen Arbeiten für sich tätig zu sehen. Hier die Übersetzung des Briefes: »Das wird der bezauberndste Tag meines Lebens sein, an dem ich sterben zu können glaube, aber man kann sich nicht die liebenswerteste Art des Todes aussuchen … Adieu lieber Voltaire, ich umarme sie tausendmal.«

Voltaire schilderte am 18. Oktober 1740 seinem Freund de Cidville seine Eindrücke: »Ich sah einen der liebenswürdigsten Menschen der Welt, ein Mann, der auch dann der Charme der Gesellschaft wäre, und dessen Gesellschaft man auch dann überall suchen würde, wenn er nicht König wäre; einen Philosophen ohne Strenge, erfüllt von Güte, Zuvorkommenheit und Anmut.

Er erinnert sich nicht mehr König zu sein, sobald er mit seinen Freunden zusammen ist, und er vergißt es so vollendet, daß auch ich es fast vergaß und es einer Anstrengung des Gedächtnisses bedurfte, mir zu vergegenwärtigen, daß am Fußende meines Bettes ein Souverän saß, der über eine Armee von 100000 Mann gebot!«

Am 31. Oktober 1740 schrieb Voltaire einem anderen Bekannten: »Wenn der König von Preußen nach Paris gekommen wäre, hätten sie an ihm eben den Charme gefunden, den sie in seinen Briefen entdeckten, die man ihnen gezeigt hat.« Die Fortsetzung kennzeichnet die damalige generelle französische Einschätzung des Preußentums: »Es ist geradezu ein Wunder der Natur, wie diesem Sohn eines gekrönten Untiers, selbst unter Tieren aufgewachsen, mitten in seiner Einöde jene Feinheit und natürliche Anmut zufallen konnten, die sogar in Paris nur wenigen Personen eigen sind und die dennoch den eigentümlichen Ruf von Paris ausmachen.«

In den Memoiren Voltaires ist zu lesen: »Ich wurde in das Appartement Seiner Majestät geführt: Man sah nichts als die vier kahlen Wände. In einem Kabinett gewahrte ich beim Schein einer Kerze ein kleines Feldbett von zweieinhalb Fuß Breite, auf dem ein kleiner Mann lag, eingemummt in einen Morgenrock aus blauem Stoff: Das war der König, der schwitzte und sich unter einer alten Decke in einem heftigen Fieberanfall schüttelte. Ich machte ihm meine Reverenz und leitete unsere Bekanntschaft damit ein, daß ich ihm den Puls fühlte, als ob ich sein Leibarzt gewesen wäre …«

Und Friedrich schrieb an seinen Intimus Jordan am 24. September 1740, noch bevor er nach Berlin zurückkehrte: »Ich habe diesen Voltaire gesehen, auf dessen Bekanntschaft ich so neugierig war. Ich hatte Fieber und war geistig so abgespannt wie körperlich geschwächt. Aber bei Leuten seines Schlages darf man nicht krank sein. Man muß vielmehr ganz auf der Höhe sein, oder mindestens höher als gewöhnlich. Er hat die Beredsamkeit Ciceros, er hat Plinius' Sanftmut und die Weisheit des Agrippa. Er vereint die Tugenden und Talente von dreien der größten Männer des Altertums. Sein Geist arbeitet ohne Unterlaß; jeder Tropfen Tinte ist ein Geistesfunke, der aus seiner Feder springt. Er hat seine wundervolle Tragödie ›Mahomet‹ deklamiert; wir waren außer uns; ich habe nur bewundern und schweigen können …«

Die seit Moyland intensive Korrespondenz gipfelte in der Einladung und dem danach beinahe dreijährigen Aufenthalt Voltaires in Sanssouci.

Friedrich war bemüht, seine Rheinsberger – von ihm als so glücklich empfundene – Zeit in Sanssouci im großen Stil fortzusetzen. Zu den hierzu erstellten Dioramen wurden Bilder von Adolph von Menzel (Diorama 21), P. Haas (Diorama 22) und Camphausen (Diorama 23) und vorhandene Zinnfiguren herangezogen.

Zum Jahr 1754
Diorama 24. (9) Farbbild 37

Bei seiner Schwester Wilhelmine in Bayreuth
(Figur Friedrich, Kapitel VI, 29)

Schon von frühester Kindheit an war der geschwisterliche Kontakt mit der drei Jahre älteren Schwester Wilhelmine sehr eng und freundschaftlich. Er war ihr zeitlebens inniger zugetan als den übrigen Geschwistern. Der

Briefwechsel zwischen Schwester und Bruder ist gesammelt und gedruckt zugänglich.

Der Besuch Wilhelmines im markgräflichen Bayreuth entsprach dem langehegten Wunsch, seine Schwester nach jahrelanger Trennung wiederzusehen. Welche besondere Bedeutung Wilhelmine für Friedrich hatte, ist aus den Gesprächen mit Henry de Catt aus den Jahren 1758 bis 1762 zu entnehmen, zum Teil noch nach ihrem Tode am 17. Oktober 1758 geführt. Er war stets zu Tränen gerührt, sobald das Gespräch auf die Schwester kam. Er bat sogar Henry de Catt, so oft als möglich das Gespräch auf die Schwester zu lenken.

Im Diorama ist das freudige, aber letzte Wiedersehen mit der so geliebten Schwester in Bayreuth nach eigenen Erkenntnissen nachgestellt.

14. Das »Phaeton«, Zinnfigurengruppe von Eva und Daniel Hohrath

Im Phaeton mit seinem Bruder Heinrich
(Figur Friedrich, Kapitel VI, 25)

Heute findet sich im Fremdwörterbuch ›Phaeton‹ als eine aus dem Französischen übernommene Bezeichnung für einen leichten mehrsitzigen Vierradwagen. Eine doch sehr profane Umschreibung dieses von vier Doppelgespannen gezogenen Prunkwagens, der im 18. Jahrhundert in allen Ställen der großen Fürstenhöfe stand und bei festlichen Gelegenheiten hervorgeholt wurde. Außerdem gehörte zu jedem Phaeton eine besonders gekleidete Begleitmannschaft zu Fuß. Manchmal erschien der König in seinem Phaeton zu den jährlich stattfindenden Revenuen.

Die Entwerferin dieser Szene ließ neben Friedrich seinen Bruder Heinrich sitzen. Es kam schon vor, daß Friedrich sich mit seinem Bruder auf diese Weise der Öffentlichkeit

15. Prinz Heinrich von Preußen, Bruder von Friedrich II., * 18.1.1726, † 3.8.1802

zeigte, um den verschiedenen Gerüchten über die Unstimmigkeiten zwischen ihm und seinem Bruder entgegenzutreten.

Diorama 26. (16)   Zum Jahr 1756

Friedrich trifft de Catt inkognito auf einem Schiff bei Amsterdam
(Figur Friedrich, eigene Wahl)

Hier folgen wir den Mitteilungen des Herausgebers und Übersetzers der Tagebücher von Henri de Catt, Willi Schüssler.
Dort ist zu lesen: »Der Zufall, dem der große Friedrich einen so starken und verhängnisvollen Einfluß auf sein Schicksal zuschrieb, muß wohl in freundlichster Laune gewesen sein, als

er jene Fäden knüpfte, die das erste Zusammentreffen des Königs mit seinem späteren Gesellschafter herbeiführten.
Heinrich Alexander de Catt, von Geburt ein Schweizer aus Morges am Genfer See, Studierender an der Universität Utrecht, reiste im Juni 1755 auf einem Flußboote nach Amsterdam. Unterwegs plauderte er lebhaft mit einem Herrn in schwarzer Perücke und zimtfarbenem Gewande, der sich für den Kapellmeister des Königs von Polen ausgab. Erst am folgenden Morgen wurde es dem jungen Gelehrten bekannt, daß jener wohlunterrichtete Fremde der König von Preußen gewesen war, und nach sechs Wochen erhielt er aus Potsdam die ehrenvolle Aufforderung, als Vorleser an den Hof des Monarchen überzusiedeln. Eine Krankheit hinderte ihn damals, dem Wunsche des Königs nachzukommen; erst zwei Jahre später, als der Ruf erneut an ihn erging, begab er sich zu dem einstigen Reisegefährten, um in dessen Dienst zu treten.«

Sieben harte Jahre mit Kriegsverheerungen 1756 bis 1763

Noch immer ist umstritten, ob der Siebenjährige Krieg, der, ohne zu übertreiben, die gesamte damalige zivilisierte Welt einbezog, unvermeidlich war oder nicht.

Bekanntlich waren daran beteiligt: England zur See und auf dem nordamerikanischen Kontinent, in Deutschland nicht zuletzt durch die finanzielle Unterstützung Preußens; Frankreich gleichfalls zur See und in Nordamerika sowie in Deutschland; Österreich sowohl in Deutschland als auch in Südeuropa gegen die Osmanen; Rußland in Osteuropa und zeitweise auch gegen Preußen; Schweden in Pommern, während vor allem Polen, Sachsen, Osteuropa und Westdeutschland, aber auch Böhmen die verheerenden Folgen der kriegerischen Auseinandersetzungen erleben mußten.

Jedes dieser Länder fühlte sich bedroht, aber sah in der Teilnahme an den kriegerischen Auseinandersetzungen die Chance, vor allem Länder ohne direkte fürstliche Nachfolge ihrem eigenen Gebiet hinzuzufügen.

Es war der österreichische Historiker Friedrich Heer, der Preußen von der einseitigen Betrachtungsweise national orientierter Geschichtsschreiber befreit hat.

Nach der Niederlage von Kolin folgten der Rückzug aus Böhmen und jahrelanges Marschieren durch Schlesien, Sachsen, Ostbrandenburg, unterbrochen durch viele Schlachten mit zunehmendem Kriegsglück.

Joachim Fernau kommt in seinem Buch »Sprechen wir über Preußen« zu dem Ergebnis, daß Friedrich II. an diesen Siebenjährigen kriegerischen Auseinandersetzungen mit furchtbaren Blutopfern »unschuldig« war. Der König war seiner Meinung nach so in die politische Enge getrieben, daß er den ersten Schritt machen und wiederum ohne Kriegserklärung in Sachsen einfallen mußte.

Der Italiener Emilio Franzina spricht von einem »folgenschweren Fehler«, als Friedrich am 16. Januar 1756 die Neutralitätskonvention von Westminster mit Georg II., dem Kurfürsten von Hannover und englischen König, abschloß. Der französische Hof sah in dieser Konvention eine unverzeihliche Brüskierung und nunmehr mit Habsburg, gegen das man sich jahrhundertelang widersetzt hatte, zu dem »renversement des coalitious« bereit.

Der weitere Verlauf wurde nur durch die charakteristische Veranlagung Friedrichs entschieden: Nicht abwarten, was andere tun werden, sondern selber handeln, das heißt, einfach die kriegerische Auseinandersetzung im Sinne seines »Antimachiavell« – im Angriff liegt die beste Verteidigung – beginnen!

so bestimmte der individuelle Charakter das Schicksal der Welt.

Kurz nach Ausbruch des Ersten Weltkrieges 1914 schrieb Thomas Mann, bezogen auf den Siebenjährigen Krieg: »Forscht man in den Büchern, … ob der furchtbare Krieg, der so begann, nun eigentlich ein Abwehr- oder ein Angriffskrieg von seiten Friedrichs gewesen sei, so findet man, daß die Geschichtsschreiber einander bis zur Komik widersprechen.«

Hier soll jedoch keine Beschreibung aller politischen und kriegerischen Verwicklungen vor und während des Siebenjährigen Krieges aufgezeigt werden. Nur von denjenigen Situationen, von denen auch im Laufe der Jahrzehnte gezielt und thematisch festgelegt Zinnfigurentypen Friedrichs II. entstanden sind und im besonderen auch in den folgenden beschriebenen Dioramen verwendet wurden, werden historische Hintergründe kurz skizziert.

Diorama 27. (15)   Zum Jahr 1756

Friedrich II. mit seinem Generalstab
und einer Eskorte Kavallerie
(Figur Friedrich, Kapitel VI, 33)

Während der kriegerischen Auseinandersetzungen ritt der König mit einer Eskorte Dragoneroffiziere im schnellsten Galopp von einem bedrohten Ort zum anderen (Abb. 16). Richard Knötel irrte jedoch, als er z. B. Fried-

16. Friedrich II. mit seinem Stabe, Entwurf und Gravur für die Figurenserie der KA 7 von Eva und Daniel Hohrath

rich, nach der Schlacht bei Torgau (3. November 1760) auf dem Schimmel Condé reitend, malte. Dieser Schimmel wurde nachweislich erst 1773 in England geboren und 1776 in den königlichen Stall übernommen (siehe Diorama 49).

Diesbezügliche Nachforschungen haben ergeben und wurden von Jürgen Olmes wie folgt zusammengefaßt: »A. von Menzel stellt den König bei der Belagerung von Schweidnitz (4. Aug. bis 9. Okt. 1761) ebenfalls auf einem Schimmel dar, desgleichen E. Hünten auf seinem leider verbrannten Gemälde ›Besuch Friedrichs des Großen in Krefeld 1763‹.« – Eine zeitgenössische Miniatur von Chodowiecki, 1777 (abgebildet im Album »Gestalten der Weltgeschichte«, Seite 71), zeigt den König bei einer Friedensrevue auf einem hellbräunlichen Falben mit braunem Langhaar, hinten links weiß gefesselt. Ein kolorierter Kupferstich desselben Künstlers zeigt Friedrich den Großen auf einem Braunen mit Bläße und, mit Ausnahme der rechten Hinterhand, weiß gefesselt. Die Reitpferde des königlichen Marstalls sowie auch diejenigen der Mitglieder der königlichen Familie waren nach englischer Sitte stets gestutzt (kupiert). Dasselbe war auch vielfach bei den Pferden, die die Generalität ritt, der Fall, vor allem natürlich, wenn es sich um Geschenke des Königs handelte.

Die Katastrophe von Kolin 18. Juni 1757

Zum Jahr 1757, am 18. Juni Diorama 28. (16)

»Sire, wollen Sie die Kanonen allein erobern?« (Figur Friedrich, Kapitel VI, 34)

Auf dem Marsch von Prag nach Wien, nachdem die preußische Armee einen glänzenden Sieg erkämpft, Friedrich aber seinen befähigsten Marschall, Schwerin, durch den Tod verloren hatte, stellten sich ihm die Österreicher unter Führung ihres auch von Friedrich ob seiner strategischen Fähigkeiten bewunderten Feldmarschalls Daun entgegen. Fünf Wochen nach der Schlacht bei Prag stießen die Gegner bei Kolin, im Süden von Prag, aufeinander. Die preußische Armee unter Führung des Königs erlitt dort eine ihrer schwersten Niederlagen.

Im Zinnfigurenmuseum zu St. Pölten unweit Wiens steht eine von Wiener Zinnfigurenfreunden gestaltete Großaufstellung der Schlacht bei Kolin.

In unserem Diorama ist nur eine Szene dieser militärischen Auseinandersetzung zu sehen: Friedrich II., der Verzweiflung nahe, will gegen die österreichische Artillerie vorrücken lassen. Seine Soldaten sind hierzu nicht bereit, und der König steht allein im Feld zwischen platzenden Kartuschen. Der heranreitende Adjutant Major Grant, ein gebürtiger Schotte, ruft dem König zu: »Sire, wollen Sie denn die Batterie allein erobern?« Diese Worte bringen Friedrich zur Besinnung, die verzweifelte Lage seiner Armee überschauend, gibt er den Befehl zum Rückzug.

Zum Jahr 1757, am 18. Juni Diorama 29. (3) [6, 13, 15] = 33 =. Farbbild 38

Rückzug durch Nimburg nach der Niederlage bei Kolin
(Figur Friedrich, Kapitel VI, 33)

Bei Kolin standen 55000 Österreicher 35000 Preußen gegenüber, erstere haben dort 19000, letztere 14000 Mann verloren.
Die Österreicher ließen die geschlagenen Preußen ohne Verfolgung abziehen.
Friedrich war mit seinem Stab bis nach Nimburg zurückgeritten. Dort erlebte er auch den Rückmarsch eines Teiles seines Heeres. Diese Situation wurde anhand des Kupferstiches von Johann Friedrich Arnold, der dazu eine

17. **Friedrich II. und sein Stab während des Rückzuges nach der verlorenen Schlacht von Kolin in der Stadt Nimburg am 18.6.1757, nach einem Kupferstich von Wilhelm Camphausen**

Zeichnung von Dähling aus dem Jahre 1849 benutzte, mit Zinnfiguren nachgestellt (Abb. 17). Zu diesem Bild gibt es folgende passende Beschreibung: »Die versammelten Generäle blicken verstohlen und besorgt auf ihren König, der auf einem Baumstamm sitzend zur Konzentration seiner Gedanken mit seinem Stock Figuren in den Sand malt.
Bei Kolin ging mehr als nur eine Schlacht verloren. Friedrich wurde zum Rückzug aus Böhmen gezwungen. Der aufgeklärte absolutistische Fürst, Philosoph, Verfasser eines

›Antimachiavell‹, trägt – anscheinend – ein Janusgesicht. Die Staatsidee, Glanz und Elend preußischer Gesinnung, steht bei ihm immer und unbedingt im Vordergrund.«

Wie im engeren Familienkreis der Brandenburger Hohenzollern über diese Niederlage Friedrichs bei Kolin gedacht wurde, ist einem Brief seines Bruders Heinrich an die Schwester Wilhelmine zu entnehmen: »... endlich ist unser Phaeton gestürzt, und wir wissen nicht, was aus uns werden soll.«

Zum Jahr 1757, am 5. November
Diorama 30. (27) [15]. Farbbild 6

Bei Roßbach mit dem Reitergeneral
von Seydlitz
(Figur Friedrich, Kapitel VI, 30)

Bereits nach fünfeinhalb Monaten – am 5. November 1757 – trifft Friedrich mit einer kleineren preußischen Armee von ca. 22000 Mann auf ein kombiniertes Heer von Soldaten von Reichsfürsten und Franzosen unter dem französischen Marschall Soubise in einer Stärke von 64000 Mann auf dem Weg nach Brandenburg.

Vorab wurden von Husaren des Generals Seydlitz bereits einige überraschende Überfälle auf den Troß des französischen Heeres mit Erfolg durchgeführt. Friedrich und Seydlitz wußten strategische Vorteile zu nutzen, nahmen viele Franzosen gefangen und zwangen die übrigen zu einer übereilten Flucht.

Zum Jahr 1757, am 4. Dezember
Diorama 31. (27)

Die Ansprache vor der Schlacht bei Leuthen
(Figur Friedrich, Kapitel VI, 37)

Schon einen Monat später, am 5. Dezember 1757, besiegt Friedrich die Österreicher bei Leuthen in Schlesien. Am Abend vorher versammelte er seine Generäle im Dorf Parkewitz. Die Österreicher hatten Schweidnitz erobert, die Preußen unter Befehl des Herzogs von Bevern waren von Graf Leopold von Daun geschlagen und Breslau einmal mehr besetzt worden.

Damit war die Versorgung der Armee abgeschnitten. Dieses vor Augen gab Friedrich Anlaß zur folgenden wirkungsvollen und überzeugenden Ansprache: »... und meine Widerwärtigkeiten würden aufs höchste gestiegen sein, setzte ich nicht ein unbegrenz-

tes Vertrauen in Ihren Mut, Ihre Standhaftig-
keit und Ihre Vaterlandsliebe, die Sie bei so
vielen Gelegenheiten mir bewiesen haben. Ich
erkenne diese dem Vaterlande und mir geleisteten Dienste mit der innigsten Rührung meines Herzens. Es ist fast keiner unter Ihnen, der
sich nicht durch eine große, ehrenvolle Handlung ausgezeichnet hätte, und ich schmeichle
mir daher, Sie werden bei vorfallender Gelegenheit nichts an dem mangeln lassen, was der
Staat von Ihrer Tapferkeit zu fordern berech-
tigt ist. Dieser Zeitpunkt rückt heran; ich
würde glauben, nichts getan zu haben, ließe
ich die Österreicher in dem Besitz von Schlesien. Lassen Sie es sich also gesagt sein: ich
werde gegen alle Regeln der Kunst die beinahe
dreimal stärkere Armee des Prinzen Karl
angreifen, wo ich sie finde.«
Friedrich kündigte den Einheiten, die beim
Angriff auf die Österreicher versagen würden,
entehrende Strafen an und schloß mit folgenden Worten: »Schon im voraus hielt ich mich
überzeugt, daß keiner von Ihnen mich verlassen würde; ich rechne also ganz auf Ihre treue
Hilfe und auf den gewissen Sieg. Sollte ich
bleiben und Sie für Ihre mir geleisteten Dienste nicht belohnen können, so muß es das
Vaterland tun. Gehen Sie nun ins Lager und
wiederholen Ihren Regimentern, was Sie jetzt
von mir gehört haben.«

Die Militärhistoriker sind ohne Ausnahme der
Meinung, daß die Schlacht bei Leuthen strate-
gisch gesehen Friedrichs beste Leistung war,
zumal ungefähr 15 km nördlich von Breslau
38000 preußische Soldaten es fertig brachten,
über 80000 Österreicher nach einem denk-
würdigen militärischen Täuschungsmanöver
in die Flucht zu schlagen.
Es ist oft versucht worden, diese Schlacht mit
Zinnsoldaten nachzustellen. Die zweifellos
imponierendste Aufstellung – mit nahezu
17000 Figuren auf einer Fläche von 12 x 3 m –
befindet sich im Heeresmuseum zu Ingol-
stadt, von Herbert M. aufgestellt und gestiftet.
Sie stellt die Schlußphase der Schlacht mit dem
Zusammenbruch des linken kaiserlichen Flü-
gels, der Einnahme des Dorfes Leuthen und
dem Kavalleriegefecht am rechten kaiserlichen
Flügel dar. Eine enorme Aufstellung mit
Zinnfiguren, und doch auch nur 1 : 7. (Dies sei
jenen Zinnfigurenfreunden gesagt, die davon
träumen und sogar planen, irgendeine der größeren Landschlachten aufzustellen.)
Auch die Schlacht von Leuthen ist sehr blutig
und verlustreich gewesen. Die Österreicher
verloren 27000 Mann, 51 Fahnen, 116 Kanonen und 4000 Wagen, die Preußen ca. 16000
Mann. Trotzdem war die Hoffnung Friedrichs, daß der Hof in Wien und Maria Theresia
zum Frieden geneigt wären, vergebens.

Die großen Schlachten des vorigen Jahres, die beschwerlichen Märsche, pestartige Krankheiten in den Lazaretten hatten das Heer auf den dritten Teil seines ursprünglichen Bestandes gebracht. Jetzt sorgte man mit allen Kräften, es wieder vollzählig und die Schar der Neugeworbenen mit allen Regeln des preußischen Militärdienstes vertraut zu machen.

Zum Jahr 1758, am 25. August
Diorama 32. (3) [13]. Farbbild 39

Der König führt Füsiliere bei Zorndorf
zum neuen Angriff
(Figur Friedrich, Kapitel VI, 39)

Den Berichten Henry de Catts zufolge, der den König mit seinen 16 Bataillonen Infanterie und 28 Eskadronen Kavallerie begleitete, wurde im Gewaltmarsch von Schlesien aus in Richtung Küstrin gezogen.
Es gelang jedoch nicht, zu verhindern, daß die Russen Küstrin durch Beschuß beinahe vollkommen zerstörten, ohne allerdings die Festungswälle überschreiten zu können.
Friedrich war entschlossen, die Russen unter General Fernor zur Schlacht zu zwingen. Er ging südlich von Küstrin bei Güterbriese mit seiner Armee über die Oder und im weiten Bogen um das russische Heer herum.
Am Abend vor der Schlacht trug sich folgendes zu, was die Gemütshaltung Friedrichs wiedergibt. Gegen 9 Uhr abends wurde de Catt vom König gerufen, und er berichtete: »Ich fand den König in einem sehr kleinen Zimmer einer Mühle, mit Schreiben beschäftigt. Ich glaubte, der König mache seine Pläne für die Schlacht; aber keineswegs – er schrieb Verse.
›Verse, Sire? Und morgen will Eure Majestät eine Schlacht schlagen!‹ ›Nun, ist daran etwas so Außergewöhnliches? Kann ich mich nicht an diesem Abend wie an jedem anderen mit Dichten beschäftigen und mich zerstreuen, indem ich vielleicht ziemlich schlechte Verse mache? Meine Gedanken sind während des ganzen Tages bei der Hauptangelegenheit gewesen, die ich von allen Seiten betrachtet habe; mein Plan ist fertig, mein Entschluß gefaßt, und es will mir scheinen, es sei mir nun wohl erlaubt, zu kritzeln und Reime zu schmieden ganz wie ein anderer Mensch.‹«
Und am frühen Morgen des 25. August 1758 entwickelte sich wahrscheinlich die blutigste und verlustreichste Schlacht des Siebenjährigen Krieges.
Auch hier wieder eine ähnliche Situation wie in vorhergegangenen und noch folgenden

Schlachten. Ca. 33 000 Preußen griffen 52 000 Russen an. Dazwischen lag das brennende Dorf Zorndorf.

Eine Legende will, daß Friedrich in dieser Schlacht die Fahne des Füsilierregimentes 46 ergriff und im persönlichen Einsatz das weichende Regiment erneut zum Angriff führte. Im entscheidenden Moment waren jedoch Feldmarschall Seydlitz und seine Kürassiere zur Stelle, und die Russen konnten nach blutigem Gemetzel zum Verlassen des Schlachtfeldes gezwungen werden.

Die Episode, in der Friedrich die Fahne des Füsilierregimentes ergriff, ist in drei Versionen als Zinnfigur (Type Nr. 39, 40, 41 im Kap. VI) festgehalten.

Zum Jahr 1759, am 12. August Diorama 33. (16). Farbbild 17

Der König übernachtet nach der verlorenen Schlacht bei Kunersdorf
(Figur Friedrich, Kapitel VI, 46)

Durch Gewaltmärsche der preußischen Armeen konnte Friedrich zwei Jahre lang verhindern, daß sich die Heere seiner Gegner vereinten.

Im Sommer des Jahres 1759 rückte eine russische Armee unter General Soltikof aus dem Osten heran. Der österreichische Feldmarschall Laudon konnte mit seinen Truppen zu den Russen stoßen. 79 000 Soldaten unter russisch-österreichischem Kommando erwarteten auf den Höhen von Kunersdorf unweit Frankfurt an der Oder Friedrich mit seinem Heer von 43 000 Mann.

Von einem Sandhügel aus, den Degen vor sich in den Sand gesteckt, beobachtete der König die Schlacht. R. Knötel fertigte um 1895 eine farbige Zeichnung hiervon an.

Nach dieser Zeichnung wurden drei verschiedene Zinnfiguren (47, 48, 49) angefertigt.

In wilder Flucht verließ auch der König das Schlachtfeld, bis zu nächtlicher Zeit im Dorf Örtscher in einem schwer beschädigten Bauernhaus haltgemacht wurde. Er glaubte am Ende zu sein und schrieb »letzte Verfügungen«.

Sein Brief an den Staatsminister Graf Finkenstein endete: »Ich habe keine Hilfe mehr, und, um die Wahrheit zu sagen, ich glaube, daß alles verloren ist. Überleben werde ich den Sturz meines Vaterlandes nicht. Leben Sie wohl auf ewig!« Danach legte sich Friedrich zu den inzwischen hereingetragenen Verwundeten, um Ruhe zu finden.

Auch für diese Szene gibt es eine Figurenserie, die für das Diorama verwendet wurde.

Zum Jahr 1760, am 15. August
Diorama 34. (15). Farbbild 18

In der Nacht vor der Schlacht bei Liegnitz
am Lagerfeuer
(Figur Friedrich, Kapitel VI, 50)

Auch vor der Schlacht bei Liegnitz konnte Friedrich seinen Gegner, den ewig zögernden Daun, obwohl dieser 1760 über ein Heer verfügte, das dreimal mehr Soldaten hatte als die Preußen, durch eine strategische List täuschen. In der Nähe des Flusses Katzbach verbrachte der König die Nacht.
Kugler schrieb dazu: »Es war drei Uhr morgens. Friedrich befand sich auf dem linken Flügel, dessen sämtliche Truppen teils mit Ungeduld den Tag erwarteten, teils unter den Waffen schliefen. Friedrich selbst hatte sich, in seinen Mantel gehüllt, zur Seite eines kleinen Wachtfeuers hingelegt und schlief.«
Ein halbes Jahrhundert später zeichnete Carl Röchling Friedrich auf einer Trommel sitzend, selber die Wacht haltend. Der Text zu diesem Bild, dem sichtlich manches übertrieben vorkam, schrieb: »Der Künstler hat in seinem Bilde an die – geschichtlich nicht verbürgte – Tatsache angeknüpft, daß der König dabei auf einer Trommel vor dem Wachtfeuer gesessen habe.«

Aber die Zeichnung war als Vorlage für eine Zinnfigur wie geschafffen.

Die Bataille von Torgau
am 3. Dezember 1760

Diorama 35. (3) [11, 14] = 33 =

Das Pferd des Königs tödlich getroffen
(Figur Friedrich, Kapitel VI, 53)

Diorama 36. (25) = 33 = (Farbbild 19)

Nach der Schlacht
(Figur Friedrich, Kapitel VI, ???)

Diorama 37. (3) [15] =   33   = /TM/ .
Farbbild 20

Nach der Schlacht in der Dorfkirche zu Elsnig
(Figur Friedrich, Kapitel VI, 54)

Gegen vier Uhr trat preußische Infanterie aus dem Walde und sah vor sich die Weinberge von Torgau, in denen österreichische Artillerie Stellung bezogen hatte. Sofort wurden die Soldaten Friedrichs II. mit anhaltendem Artilleriebeschuß empfangen. Zu seinem Adjutanten bemerkte Friedrich II.: »Hat er je eine stärkere Kanonade gehört? Ich wenigstens niemals«.

Der Blutzoll, den diese letzte große, aber nicht entscheidende Schlacht bei Torgau forderte, war hoch. Die Preußen verloren ca. 13 000, die Österreicher sogar 16 000 Mann.

Dem König wurden bereits zwei Pferde erschossen, als ein Grantasplitter seine Brust traf. Seine Adjutanten fingen ihn auf, rissen seine Uniform auf, während der König wieder zur Besinnung kam, zu den Dienern sagte: »Es ist nichts«, und bald darauf wieder ein Pferd bestieg und die notwendigen Befehle erteilte.

Feldmarschall von Keith war ernstlicher verwundet und verließ das Kampffeld.

Die österreichische Reiterei drängte die Preußen weiter nach Norden zurück, bis die früh hereinbrechende Novembernacht den Kampf beendete. Das Heer Friedrichs bezog neue Stellungen in Abwartung des nächsten Tages. Es ging darum, den vorgesehenen Marsch der österreichischen Armee nach Berlin zu verhindern. Friedrich konnte sich nicht zurückziehen, zumal seine Versorgungslager westlich der Elbe lagen.

Friedrich begab sich, nachdem er Anordnungen für die Versorgung der Verwundeten und die Bestattung der Toten gegeben hatte, in das Dorf Elsnig. Da alle Häuser mit Verwundeten überbelegt waren, bezog er mit seinem Stabe in der Dorfkirche Quartier. Verschiedene Offiziere hatten gleichfalls Verwundungen davongetragen, die nunmehr vom Stabschirurgen versorgt werden konnten.

Auf den Stufen zum Altar wurde Stroh für ein Lager des Königs gebreitet. Er ließ sich jedoch von einem seiner Diener seine Kiste mit Schreibzeug bringen und vertiefte sich in seine schriftstellerische Arbeit, bis plötzlich gegen 21 Uhr die Nachricht eintraf, daß Generalfeldmarschall Ziethen die gleichfalls erschöpften Österreicher, die davon überzeugt waren, diese Schlacht gewonnen zu haben, in Richtung der Festung Torgau in wilder Flucht vom Schlachtfeld verjagt und zum Rückzug in Richtung Dresden gezwungen hatte.

Kein Geringerer als Adolph von Menzel (1825–1905), Hofmaler des letzten deutschen Kaisers in Berlin, hielt die grauenvolle Stille nach einer Schlacht der friederizianischen Zeit in einem visionären Bilde fest. Dieses Bild war Vorlage eines jungen Zinnfigurenfreundes für dieses Diorama.

Es ist die Wiedergabe einer Szene, wie es nach einer Schlacht auf dem Kampfplatz ausgesehen haben muß. Im vorderen Mittelgrund sitzen Soldaten in Mänteln am Lagerfeuer, inmitten von Gefallenen. Rechts daneben werden Tote begraben.

Diorama 38. (4)   Zum Jahr 1761

Friedrich mit seinem Generalstab
(Figur Friedrich, Kapitel VI, 99)

Auch in 20-mm-Größe sind Figurentypen aus der Zeit Friedrichs II. verfügbar. In diesem Diorama ist ein Ensemble von Friedrich II. mit seinem Stab zusammengestellt. Ein Bezug auf eine bestimmte historische Situation ist unbekannt. Der Gestalter und Bemaler dieses Dioramas hat einfach Freude an den 20-mm-Figuren gehabt.

Diorama 39. (27)   Zum Jahr 1761, am 20.8.
Der König besichtigt Schanzarbeiten
im Lager Bunzelwitz
(Figur Friedrich, Kapitel VI, 55)

Die Feldzüge des 18. Jahrhunderts mit den nach Zehntausenden zählenden Soldaten waren nur möglich nach Anlage von großen Vorratslagern mit Nahrungsmitteln, Waffen und Munition.
Hinzu kam ein hoher Prozentsatz Soldaten, die in stark befestigten Lagern nur unter großen Schwierigkeiten zusammengehalten werden konnten. Auch Bunzelwitz war ein derar-

tiges Vorratslager mit hohem Verteidigungswert.
Trotzdem drohte Ermüdung bei den Mannschaften. Um eine erheblich größere Kriegsmacht in diesem Lager von rd. 55000 Mann vorzutäuschen, zumal die Österreicher mit 75000 und die Russen mit 60000 Mann anmarschierten, ließ Friedrich die Einheiten immer wieder wechseln.
Aber auch die Gegner wollten versorgt sein, um die Preußen langfristig zu belagern. Schon Anfang September zogen erst die Russen in der einen und dann die Österreicher in anderer Richtung ab, so daß die Preußen einer drohenden Übermacht ausweichen konnten.

23 Jahre Wiederaufbau 1763 bis 1786

Zum Jahr 1763
Diorama 40. (22) [17]. Farbbild 40

Die Fahnen der preußischen Regimenter
nach dem Siebenjährigen Krieg
(Figur Friedrich, Kapitel VI, 93)

Nach dem Frieden von Hubertusburg, vom 15. Februar 1763, der Preußen Schlesien endgültig zuerkannte, wurden wieder Soldaten angeworben und das Heer auf einen Stand gebracht, als hätte schon wieder ein neuer Krieg bevorgestanden.

Die Regimenter erhielten zum Teil neue Fahnen. Ob alle diese Fahnen jemals auf einem Ort zusammen waren, konnte keiner Quelle entnommen werden. Was jedoch nicht existierte, ist Zinnfigurenfreunden möglich. Anhand historischer Unterlagen wurden die Fahnen aller 67 Reiter- und 150 Fußregimenter von 1763 auf geeignete Zinnfiguren aufgetragen. Ein buntes Bild, dem im Vordergrund eine Figur von Friedrich II. zu Pferd hinzugefügt wurde in der Haltung »Preußen ist wieder parat!«

Zum Jahr 1764

Diorama 41. (23). Farbbild 21

Zinnfigürlicher Ausschnitt aus dem von Friedrich angekauften Watteau-Gemäldes:
»Einschiffung nach Cythera«
(Figuren siehe Seite 24)

Dieses Gemälde des französischen Malers Antoine Watteau – »L'Ile de Cythère« – entstand 1719 und wurde 1763 von Friedrich II. für seine Gemäldesammlung erworben. Die Stücke dieses Malers hatten die ganz besondere Wertschätzung des Königs, der natürlich nicht ahnen konnte, daß nach 220 Jahren um dieses Gemälde ein prinzipieller Streit mit hohem Geldeinsatz entstehen würde.

Inzwischen haben sich die Wellen geglättet und mit Hilfe der Stiftung Preußischer Kulturbesitz, des Berliner Zahlenlottos und weiterer Spenden gelang es, dieses Bild anzukaufen, von dem Professor Helmuth Bösch-Supan schrieb, daß es »zur preußischen Geschichte gehört, daß das Schloß Charlottenburg es nicht entbehren kann«. Sowohl das Bild selbst als auch die ausführliche und mit Farb- und Schwarzweiß-Reproduktionen reich ausgestattete sachliche Beschreibung von Helmuth Bösch-Supan in der Reihe »Aus Berliner Schlössern, Kleine Schriften VIII« waren Anlaß genug für einige Zinnfigurenfreunde, die zentralen Personen dieses Gemäldes gravieren und zeichnen zu lassen.

Diese Serie ist zur Erinnerung an die bedeutenden kulturellen Leistungen dieses Preußenkönigs entstanden. Die Fördervereine der Berliner Schlösser und Gärten und der zur Errichtung des Museums für Zinnfiguren bieten diese Serie an. Überschüsse werden beiden Fördervereinen zugute kommen.

Diese Serie von nunmehr acht Figuren und der Venusstatue mit einigen Putten ist gleichzeitig als sinnvolle Erinnerungsausgabe des »Vereins zur Förderung des Berliner Zinnfigurenmuseums« gedacht, um die besondere Bedeutung Friedrichs II. für die kulturelle Entwicklung Preußens zu unterstreichen.

Das Gemälde wurde neben anderen Stücken auf einer Versteigerung in Den Haag erworben. Im Katalog der zum Kauf angebotenen Sammlung Willem Lormier ist das Bild beschrieben: »Een landschap, een liefde Gezelschap, dat in Pelgrimasie en Scheepgaat na het Eyland van Citerne, met veel vliegende Cupidoos.«

Bösch-Supan beschließt seine Schrift zu Recht mit der Feststellung, daß dieses Bild »ein Schlüssel zum Verständnis des 18. Jahrhunderts« ist.

Zum Jahr 1764

Diorama 42. (16). Farbbild 22

Friedrich II. läßt sich die Baupläne
des Neuen Palais zeigen
(Figur Friedrich, Kapitel VI, 67)

Obwohl die Folgen des Siebenjährigen Krieges, die Armut der Bevölkerung und der Mangel des Notwendigsten noch überall sichtbar waren, »ließ sich der König« – so schreibt Pierre Gaxotte – »aus Großtuerei zu einer sehr

kostspieligen Aufwendung hinreißen. Hat er sie doch selbst als eine ›Fanfaronade‹ bezeichnet.«

Er ließ am westlichen Ende des Parkes Sanssouci nach Plänen der beiden talentlosen Baumeister Johann Gottfried Bühring und Heinrich Ludwid Manger durch Carl von Gontard ein zweites Schloß bauen, das man das Neue Palais nennt.

Es ist ein ungeheures, in Rosa, Weiß und Grün gehaltenes Bauwerk mit zwei kleinen und einer unverhältnismäßig großen melonenförmigen Kuppe. Die mittlere sitzt auf einer Art gewölbtem Deckel, der den Zusammenhang mit dem Gebäude herstellt. Als Communs fungieren zwei andere Paläste mit Monumentaltreppen, Kuppeln, Säulen und Obelisken. Das Ganze wirkt schwerfällig und theatralisch, hat weder Anmut noch Harmonie, ist mit einem Wort häßlich.

In bezug auf die Innendekoration blieb der König dem Stil treu, den er mit 20 Jahren geliebt hatte. Nur war um 1763 die Erfindungskraft des Rokoko erschöpft. Trotz glücklicher Ideen und manchen gelungenen kleinen Salons hat man das Gefühl, daß den Architekten bei der Ausfüllung dieser übergroßen Flächen der Atem ausgegangen ist. Immer wieder bringen sie dieselben Motive – zittrige Stalaktiten und vergoldetes Gitterwerk –, die man auf den Decken, als Umrahmung der Spiegel, über den Türen und in den Fensternischen findet. Wie weit sind wir hier von der schöpferischen und reizvollen Phantasie entfernt, die wir in Sanssouci und im Stadtschloß bewundern!

Die Arbeiten dauerten bis zum Jahre 1769. In den letzten Jahren errichteten Gontard und Jean Laurent Legeay die weit ausschwingende Kolonnade der Communs mit einem Triumphbogen.

Gontard ist auch der Erbauer des Freundschaftstempels und des antiken Tempels, der einen Teil der Sammlung Polignac beherbergte.

Zum Jahr 1765
Diorama 43. (16). Farbbild 23

Der Reisewagen des Königs auf dem Weg von Potsdam nach Berlin
(Figur Friedrich, Kapitel VI, 71)

Friedrich II. fuhr oft von Potsdam nach Berlin, um mit Ministern, Generälen, Mitgliedern der Akademie und anderen Würdenträgern zu konferieren. Sein Reisewagen fuhr über den Königsweg in Zehlendorf und rastete in der Nähe der Zehlendorfer Kirche, wenn dort Besucher der Kirche den Königsweg kreuz-

ten. Erst nach Beginn des Gottesdienstes fuhr er zur Hauptstadt Berlin weiter. Friedrich sah in dieser Handlung die Beachtung seines Grundsatzes der Toleranz gegenüber Glaubensangelegenheiten.

Zum Jahr 1765
Diorama 44. (6). Farbbild 24

Am Schreibtisch in Sanssouci
(Figur Friedrich, Kapitel VI, 75)

Nach der Rückkehr aus dem Siebenjährigen Krieg glaubte Friedrich II., »Rückschläge und Widerwertigkeiten« gleichgültig ertragen zu können. So ist es einem seiner Briefe zu entnehmen. Aber er blieb rastlos tätig, obwohl er sich zunehmend in sein Sanssouci zurückzog. Friedrich äußerte, daß sich der lange Krieg nicht gelohnt habe und er sich nun mit vielem Kleinkram der Verwaltung und Wünschen aus den zurückgebliebenen Ortschaften beschäftigen muß.

Der französische Historiker Pierre Gaxotte formulierte 1972: »... aber er betreibt das Krämergewerbe mit demselben Eifer wie den Beruf des Feldherrn«. Und weiter: »Friedrichs bester Freund war immer die Arbeit. Das Wiederaufbauwerk, ›Retablissement‹ genannt, erforderte äußerste Mühe und Gewissenhaftigkeit.«

Die Demobilisierung der Armee, die aufgehäuften Vorräte an Korn, Mehl und Hafer warteten auf die Verteilung unter Beachtung kommender Ernten. Der König war gezwungen, viele Jahre hindurch Bestandsaufnahmen und Verteilungsrichtlinien anzufertigen, Kolonisten anzuwerben, auf die Anlage von Kunstwiesen für Frischfutter des Viehs hinzuwirken, Unterstützungsgelder an Kriegsversehrte zu verteilen, um nur einige der Aufgaben zu nennen, die ihn in Sanssouci an seinen Schreibtisch bannten. Reine schriftstellerische Arbeiten, bis auf Briefe an Voltaire, dem er verziehen hatte, kamen nicht mehr zustande.

tungen mit Ministern und hohen Beamten nicht vorgesehen waren.«

In seinen Diensten waren sehr befähigte Juristen, zu denen auch Cocceji und der Graf Hertzberg zählten. Trotzdem griff er rigoros in die Urteilsfindung von Richtern ein und veränderte diese nach seinen eigenen Ansichten.

Friedrich ging sogar so weit, daß er aufgrund eines ihm ungerecht erscheinenden Urteils den Großkanzler, ohne Widerspruch zu dulden, entließ und drei Räte des Kammergerichts für ein Jahr in der Festung Spandau einschließen ließ. Und dieses nur, weil es nicht mit seinem absolutistischen Rechtsempfinden in Übereinstimmung gebracht werden konnte.

Diorama 45. (17)　　　　Zum Jahr 1767

Im Gespräch mit Vertretern der
preußischen Justiz
(Figur Friedrich, Kapitel VI, 59)

Emilio Franzina kommt zu der Feststellung, daß die Gewohnheiten Friedrichs seinen Absolutismus klar erkennen lassen. »Aus dem Tagesablauf und der Zeiteinteilung Friedrichs des Großen geht deutlich hervor, daß Bera-

Diorama 46. (23).　　　　Zum Jahr 1769

Das Treffen zwischen Friedrich II.
und Kaiser Joseph II.
(Figur Friedrich Kapitel VI, 66 und Seite 24)

Auf Vorschlag des jungen Kaisers Joseph II. fand am 25. August 1769 in Neiße in Schlesien ein Treffen mit Friedrich II. statt.
Joseph war im Gegensatz zum Hof in Wien ein glühender Verehrer von Friedrich. Genau

wie Friedrich trug er nur Uniform und glich in vielem seinem Idol. Er war 28 Jahre jünger, aber, wie der österreichische Historiker und Publizist Friedrich Heer in seinem Buch »Der König und die Kaiserin« (1981) schrieb, »ebenso einsam in Wien wie Friedrich in Potsdam«. Heer beschreibt auch, daß Maria Theresia das Bitterste nicht erspart blieb. Ihr Kanzler Kaunitz und Joseph »verschworen« sich gegen sie in der Beurteilung des Königs von Preußen.

Der Kaiser Joseph wagte eine Politik, die den Vielvölkerstaat Österreich an den Rand des Abgrundes führte. Joseph strebte danach, Bayern zu gewinnen, um sich danach mit Rußland und Preußen an der Aufteilung Polens zu beteiligen und die Türkei weitgehend aus den Balkanländern zu vertreiben.

Dem Brief nach der Begegnung in Neiße an Maria Theresia ist zu entnehmen, wie der damals 29jährige Kaiser Joseph den doppelt so alten Preußenkönig erlebte: »Der König überhäuft uns mit Höflichkeit und Freundlichkeit. Er ist ein Genie und ein Mann, der wunderbar spricht; aber er sagt kein Wort, dem man nicht den Schelm anmerkt … Über alles mögliche habe ich ihn ausgefragt … Aus allem ging seine Furcht vor der russischen Macht hervor, die er auch uns einflößen wollte.«

Ein gutes Jahr später (3.9.1770) macht Friedrich seinen Gegenbesuch in Mährisch-Neustadt. Dort wurden dann die Weichen in Richtung der ersten Teilung Polens gestellt. Obwohl Maria Theresia 1772 diesen verhängnisvollen Schritt mit ihrer Unterschrift besiegelte, fügte sie als Marginalie noch hinzu: »… weil es so viele große und gelehrte Herren wollen, wenn ich aber schon längst tot bin, wird man erfahren, was aus dieser Verletzung von allem, was bisher heilig und gerecht war, hervorgehen wird.«

Die aus 3 Typen bestehende Figurenserie wurde anläßlich dieser Ausstellung von der Berliner Grafikerin Renate Schmidt entworfen, von H. G. Lecke grafiert und vom Verein zur Förderung eines Berliner Zinnfigurenmuseums e.V. als Erinnerungsserie herausgegeben (Abb. siehe Seite 24).

Zum Jahr 1780

Diorama 47. (16). Farbbild 25

Der »alte Fritz« und »junge Potsdamer« vor einer Schule
(Figur Friedrich, Kapitel VI, 72)

Schon längst sprachen Alt und Jung vom »alten Fritz«. Menschenverachtung und Geringschätzung waren sich immer stärker ausprägende Züge seines Charakters. Dieses wurde wohl durch Höflichkeit verdeckt, wenn er schon mal in der Öffentlichkeit erschien. Durch sein rationales Denken war ihm menschliche Güte fremd geworden.

Umso erstaunter war er bei einem seiner immer seltener werdenden Ausritte in Potsdam, als die Bürger ihn grüßten und die Schuljugend ihm zujubelte. In seinen »Lettres sur l'education« forderte er strenge körperliche Ertüchtigung und mit seinem Stock drohend rief er der Jugend zu: »Macht, daß ihr in die Schule kommt.«

Diorama 48. (17)   Zum Jahre 1783

Der König mit dem Leiter Grieninger von der Königlichen Porzellanmanufaktur (KPM)
(Figur Friedrich, Kapitel VI, 76)

Einem Zuge der Zeit folgend, gründete der Kaufmann Wilhelm Kaspar Wegeli im Jahre 1750 die Berliner Porzellanmanufaktur.

Aus Höchst warb man einen »Überläufer« ab – so wurden damals Betriebswechsler dieser Branche genannt –, der mit dem Arkanum vertraut war, einer Masse, aus dem das Porzellan erzeugt wird und deren Zusammensetzung damals strengster Geheimhaltung unterworfen war. Unter seiner Leitung wurde ein gutes Porzellan erzeugt, trotzdem konnte sich dieser Betrieb nur bis 1757 halten.

Sowohl die Vorräte als auch das Arkanum kaufte der Bankier Johann Ernst Gotzkowski an. Aus Meißen holte er sich tüchtige Künstler und den sächsischen Kommissionsrat Grieninger als Betriebsleiter.

Infolge von Zahlungsschwierigkeiten konnte Gotzkowski Friedrich II. 1763 dazu bringen, den gesamten Betrieb für 675000 Mark zu übernehmen.

Grieninger blieb bis zum Tode des Königs, 1786, Leiter der »Königlichen Porzellanmanufaktur«.

Sowohl technisch als auch künstlerisch verbesserte er das Porzellan.

                                    Zum Jahr 1780
Diorama 49. (3). [21] = 33 =. Farbbild 41

Friedrich mit seinem Wallach Condé
(Figur Friedrich, Kapitel VI, 69)

Der Zinnfigurenfreund Jürgen Olmes, der sehr verdienstvolle Pferdestudien betrieb und diese in seinem Buch »Historische Gestalten und ihre Pferde« veröffentlichte, schrieb über den Wallach Condé: »Das ausgesprochene

Lieblingspferd des Königs war jedoch der Schimmelwallach ›Condé‹, der sich durch Schönheit, Tüchtigkeit und Munterkeit gleichmäßig auszeichnete. Sein Stallmeister Wollny hatte das Tier, dreijährig, im Jahre 1776 in England angekauft und es hieß bis zum Jahre 1782 ›der Grauschimmel‹, ehe es vom König umbenannt wurde. Dieser Vollblüter, ein Fliegenschimmel, wies einzelne, fliegengroße, dunkelrote Flecken auf und wurde 42 Jahre alt. Das Geräusch der Waffen machte auf seinen mächtigen Körper keinen Eindruck; er war geschaffen für einen königlichen Feldherren. Dabei zeichnete er sich durch einen edlen Körperbau wie blühendste Gesundheit aus und war vollkommen tückenlos und ausgezeichnet geritten. Friedrich, der ihn sehr liebte und dessen Neigung zu dem edlen Tier stets wuchs, hatte ihm zwei kostbare Reitzeuge von blauem Samt mit reicher Stickerei anfertigen lassen und brauchte ihn in Potsdam fast nur zu Spazierritten. Sein einziger schwerer Dienst waren die Potsdamer Herbstmanöver. Auch den bayerischen Erbfolgekrieg machte er nicht mit, vielmehr mußte ihn der Oberstallmeister Graf von Schwerin in besondere Obhut nehmen und von Zeit zu Zeit über ihn berichten. Bei Rückkehr des Königs aus dem Felde war seine erste Frage nach dem ›Condé‹. Friedrich beschäftigte sich oft mit ihm und

pflegte ihn mit Zucker, Melonen und Feigen zu füttern. Auch kannte ›Condé‹ seinen Herrn so gut, daß er freigelassen gerade auf ihn zulief, um sich fröhlich wiehernd die gewohnten Leckerbissen zu holen. Dabei verfolgte er den König nicht selten bis an die Zimmer, ja oftmals bis in den Saal von Sanssouci.«

Zum Jahr 1782
Diorama 50. (16). Farbbild 26

Friedrich begrüßt im Berliner Schloß seinen alten Gefährten General Ziethen (Figur Friedrich, Kapitel VI, 77)

Obwohl Friedrich II. vorgeblich seinem Husarengeneral von Ziethen nicht verzeihen konnte, bei Torgau zu spät in die Schlacht eingegriffen zu haben, hatte der König doch eine besondere Schwäche für diesen inzwischen 85jährigen General.
Im Parolesaal des Berliner Schlosses – Ziethen lebte in Berlin, und eine Reise nach Potsdam war zu beschwerlich geworden – begegneten sich beide.
Als sich der 85jährige, 15 Jahre ältere General zur Begrüßung vor dem König erheben wollte – so nach einer Anekdote – sprach Friedrich:

»Setz! Er sich, sonst gehe ich fort, denn ich will ihm durchaus nicht zur Last fallen.«

Eine Situation, so richtig für Zinnfiguren gemacht, und sie wurde sowohl in 30-mm- als auch 20-mm-Modellen nach einer Zeichnung von Carl Röchling gestaltet.

Zum Jahr 1786

Diorama 51. (16). Farbbild 27

Die letzten Tage in Sanssouci
(Figur Friedrich, Kapitel VI, 79)

Diorama 52. (3) [11]. Farbbild 7

Am frühen Morgen des 17. August starb der Preußische König
(Figur Friedrich, Kapitel VI, 84)

Zweifellos bestimmte die europäische Politik die Überlegungen Friedrichs, so etwa noch 1778 der von Österreich begonnene bayerische Erbfolgekrieg – auch Kartoffelkrieg genannt, weil kein Schuß fiel, das Heer Friedrichs die besetzten Gebiete Böhmens »ausleerte«, bis durch die Vermittlung Ludwigs XVI., der seinen Minister Vorviennes sandte, am 13. Mai 1779 nach vielem Hin und Her der Friede von allen Beteiligten, Sachsen, Bayern, Preußen und Österreich, unterzeichnet werden konnte.

Nach der Gründung des Fürstenbundes (1785), an dem der Kurfürst von Sachsen, der Kurfürst von Hannover und einige kleinere Fürsten beteiligt waren, hat Friedrich keine weiteren außenpolitischen Aktivitäten entfaltet.

Es wurde still um den König, und er lebte sehr zurückgezogen, bis zu seinem Tode, in Sanssouci. Oben genannte Situationen sind in zinnfigürlichen Dioramen festgehalten.

Gezeigt wird hier eine schöne Großfigur mit der Unterschrift: Der große König, beinahe schon eine Legende.

93

18. Friedrich II., wie ihn
Antoine Pesne gesehen hat,
Gemälde im Schloß Charlotten-
burg, Foto J. P. Anders

Kapitel III

Friedrich II. –
Ein böser Mensch als Philosoph von Sanssouci?

von Hans-Jürgen Moritz

Maria Theresia, die allen Grund dazu hatte, nannte ihn nur den »bösen Menschen«; Heinrich von Treitschke sah in ihm den »ersten Mann« seines Jahrhunderts; für Ernst Moritz Arndt machte er sich des »wildesten Despotismus« schuldig; in Geschichtsbüchern ist er als »der Große« verewigt. Er selbst bat kurz vor seinem Tod seinen Arzt, ihn als »guten alten Mann« in Erinnerung zu behalten – ein Wunsch, den die Nachwelt in seiner Schlichtheit nur selten erfüllte.

Friedrich II. von Preußen ist in den 200 Jahren seit seinem Tod bewundert, verehrt, verklärt, mißbraucht, verflucht und verteufelt worden. Im deutschnationalen Lager wurde der Friedrich-Mythos vom pflichterfüllten National-Heroen und Schlachtenlenker zu immer neuem Glanz und Gloria aufpoliert, vor allem, wenn es angeblich wieder einmal darum ging, ganz wie Friedrich im Siebenjährigen Krieg einer »Welt von Feinden« trotzig die Stirn zu bieten. So machte die Mär vom Durchhaltekönig den Alten Fritz zum Schirmherrn des deutschen Omnipotenzwahns in zwei Weltkriegen, bog Hitler ihn unter dem huldvollen Nicken der Pickelhaube seines nützlichen Idioten Hindenburg zum Paten seines Dritten Reichs zurecht.

Nicht erst seit dem braunen Schmierentheater des »Tags von Potsdam« gilt Friedrich seinen Kritikern als Symbolfigur preußischen und deutschen Kadavergehorsams, Säbelrasselns und Expansionsstrebens, beginnt für sie mit dem Machtpolitiker Friedrich eine Linie, die über den Machtpolitiker Bismarck und zwei Wilhelms direkt zum Weltbrandstifter Hitler und in die deutsche Katastrophe führt: »Mit Friedrich wird die deutsche Politik amoralisch« (Augstein).

Nationalheld oder Monster? Eine Frage, deren Beantwortung nicht nur je nach politischem Standpunkt verschieden ausfällt, sondern sich ebensowenig eindeutig beantworten läßt, wie Friedrichs facettenreiche Persönlichkeit ihn selbst zu widerspruchsfreien Handlungen führte. Seine Karriere als König etwa begann er 1740 damit, daß er fast gleichzeitig eine Abhandlung gegen den Zynismus der Macht, den »Antimachiavel«, publizierte und als Aggressor im österreichischen Schlesien einfiel: eine Handlungsweise, die schon seine Zeitgenossen verwirrte. Schließlich hatte man sich vom neuen Preußenkönig alles mögliche erwartet, nur nicht den unverzüglichen Einsatz des von seinem Vater aufgebauten Heeres.

In seiner Kronprinzenzeit war Friedrich zum Hoffnungsträger der europäischen Aufklärung geworden. Ihre Protagonisten nahmen regen Anteil am Spießrutenlauf des kunstsinnigen, schriftstellernden, mit Voltaire korrespondierenden Philosophenprinzen durch die rohen Erziehungsmethoden eines Vaters mit der Sensibilität eines Rohrstocks. Kaum jemand ahnte, daß das handfest-tödliche Spießrutenlaufen in der Armee desselben schöngeistigen Verehrers der Künste später alltägliche, blutige Praxis werden sollte. Als intelligenter und empfindsamer junger Mann schien er so ganz das Gegenteil seines prügelnden und fluchenden Vaters zu sein.

Zur Abhärtung des fürstlichen »Softies« ordnete Friedrich Wilhelm an, daß dieser morgens mit dem Abfeuern einer Kanone unter seinem Fenster geweckt werden solle. Eine kräftige körperliche Konstitution seines Sohnes schien ihm durch die häufige Reichung

von Biersuppe am ehesten gewährleistet. Sein pädagogisches Instrumentarium im Umgang mit dem Nachfolger bestand aus öffentlichen Schmähungen und Kränkungen, Schlägen und Tritten, die er auf sämtliche Mitglieder seiner Familie und die Untergebenen freigiebig verteilte.

Friedrich, den er einmal zwang, seine Stiefel zu küssen, fühlte sich behandelt wie ein »jämmerlicher Sklave«. Während einer gemeinsamen Reise versuchte er 1730, dem strengen Regiment seines Vaters zu entkommen. Die dilettantisch vorbereitete Flucht wurde vereitelt, angebliche und tatsächliche Mitwisser aus dem Freundeskreis des Kronprinzen zur Rechenschaft gezogen. Am härtesten traf es seinen Freund Herrmann von Katte. Vor den Augen des in Küstrin inhaftierten Friedrich wurde er hingerichtet, ein Schicksal, das der preußische König anfangs auch seinem Thronfolger zugedacht hatte.

Schließlich beließ er es bei einer eineinhalbjährigen Verbannung nach Küstrin, während der Friedrich sich in die trockenen Geheimnisse der Verwaltungspraxis vertiefte. Gnade in den Augen Friedrich Wilhelms fand er erst wieder, als er in die Heirat mit der ihm völlig gleichgültigen Elisabeth Christine von Bevern-Braunschweig einwilligte. Nach der Rückkehr aus dem Küstriner Arrest hoffte er auf das baldige Ende seines kränkelnden Vaters, in der Einsicht, daß er »bei seinen Lebzeiten keine guten Tage haben werde«.

Die traumatische Prägung, die Friedrichs Persönlichkeit durch die Roheiten seines Vaters erhielt, kann kaum überschätzt werden. Seinem Vorleser de Catt gestand er Jahrzehnte nach Friedrich Wilhelms Tod, daß die Küstriner Ereignisse ihm oft im Kopf herumspukten, auch, daß er von Träumen verfolgt wurde, in denen er seinem Vater Rechenschaft über sein Regierungshandeln ablegen mußte. Der Zwang, sich dem Vater unterwerfen zu müssen, machte den stolzen jungen Mann zum Heuchler. Die Erniedrigungen, die er in aller Öffentlichkeit erdulden mußte, mögen ihn angespornt haben, als König in den Augen der Welt das Bild des geprügelten Kronprinzen durch die Selbstbestätigung als erfolgreicher Feldherr zu tilgen.

Einmal auf dem Thron, wurde er seinem Vater im übrigen ähnlicher, als er selbst es vielleicht hätte wahrhaben wollen. In seiner Amtsführung erwies er sich als getreulicher Vollstrecker des Testaments von Friedrich Wilhelm, das seinen Nachfolger auf militärische Stärke, solide Haushaltspolitik und persönliche Einsatzbereitschaft verpflichtete. Über die staatsmännische Leistung seines Vaters äußerte er sich nie anders als lobend; dessen Lebensfüh-

rung allerdings verachtete er. Die deutsche Sprache und Kultur assoziierte er bis zu seinem Lebensende mit der polternden Zotensprache seines Vaters, mit Tabaksqualm, stinkendem Leder, Jagdschweiß, Bigotterie und Derbheit. Friedrich Wilhelm gab seine spießige Muffigkeit gern als »teutsche« Lebensart aus, die »französischen Manieren« seines Sohnes hielt er für »Bärenhäutereien«.

Denen konnte Friedrich sich erst als Ehemann ungestört widmen, auf Schloß Rheinsberg, das Friedrich Wilhelm für das Kronprinzenpaar gekauft hatte. Dort debattierte er mit einem Kreis Gleichgesinnter über Philosophie und Geschichte, ergötzte sich an Konzerten, Gastmählern und Theateraufführungen, widmete sich staatskundlichen Studien, verfeinerte sein Französisch und verfaßte Oden und Verse. Seine kreativen Qualitäten erreichten indessen kaum einmal wirklich geniales Niveau. Er war eher ein »hochbegabter Dilettant« (Haffner) auf den vielen Gebieten, die sein Interesse erweckten. Sein Flötenspiel war durchschnittlich, seine Lyrik gedrechselt, seine politische und historische Prosa noch am ehesten originell und überzeugend. Die Vielfalt seiner musischen Interessen aber war, zumal für einen absolutistischen Monarchen, beeindruckend: Als Musiker komponierte der passionierte Flötenspieler Sonaten und Konzerte für dieses Instrument, Sinfonien, Festouvertüren, Arien, Märsche, Tänze und inspirierte Bach mit einer Improvisation zu dessen »Musikalischem Opfer«. Was als erste Schreibversuche des Achtjährigen mit einer moralischen Abhandlung begann, wuchs sich im Lauf von Friedrichs 74 Jahre dauerndem Leben zu einem Gesamtwerk von dreißig Bänden politisch-literarischer Schriften und einer sechunvierzigbändigen politischen Korrespondenz aus. Friedrich schrieb Hunderte von Gedichten, einige Lustspiele, Epen, Geschichtswerke, ein Reimlexikon, Dialoge, Abhandlungen, Flugschriften, natürlich zahlreiche dienstliche Reglements (einschließlich seiner berühmten Randbemerkungen) und Briefe, Briefe, Briefe.

All dies geschah vorwiegend auf Französisch, seine Muttersprache beherrschte der preußische König zeit seines Lebens nur auf dem Niveau seiner Stallknechte. Die unvollständigen Deutschkenntnisse führten ihn zu bemerkenswerten privaten Rechtschreibreformen und Ansichten über die Sprache seiner Untertanen. So hielt er das Deutsche für »halbbarbarisch«, ein »Kauderwelsch« eben, in dem sich keine großen Dichter äußern könnten. Die Namen seiner Zeitgenossen Lessing, Herder, Klopstock und Goethe bedeuteten ihm denn auch kaum etwas. Als Autor und Leser hielt er

sich an die künstlerischen Normen, die er von seinen hugenottischen Lehrern und Erziehern vermittelt bekommen hatte. Die strenge, antikisierende Formensprache der französischen Klassik war für ihn der Inbegriff stilistischer Eleganz; eine Meinung, die von Kunstentwicklung und Zeitgeist während seiner Thronherrschaft überholt wurde, was Friedrich in seinem neuen Musenhort »Sanssouci« in Potsdam aber kaum berührte.

Auch dort umgab er sich ab 1747 bei seinen Tafelrunden mit französischen oder französischsprachigen Intellektuellen, zu denen fast drei Jahre lang auch der von ihm bewunderte Voltaire gehörte, bis die beiden ambitiösen und geltungssüchtigen Männer im Streit voneinander schieden. Im Friedensjahrzehnt zwischen dem Zweiten Schlesischen und dem Siebenjährigen Krieg erging Friedrich sich mit seinen geistreichen Gesprächspartnern in seinem königlichen »Ohnesorge-Theater« mit zugehöriger Kulisse eines eigens hinter dem Knobelsdorff-Schlößchen angelegten antiken Ruinenberges. In jener Zeit stilisierte er sich selbst zum »Philosophen von Sanssouci«. Täglich verbrachte der König zwei bis drei Stunden mit Deklamieren, Flöten, Komponieren, Dichten und dem Abfassen politischer und historischer Prosa. Hinzu kamen die bis 1778 allabendlichen Konzerte und die oft ausgedehnten Diners des unmäßigen Essers, bei denen er die von ihm so geschätzte Konversation pflegte, das heißt dominierte.

Im Alter erlahmte Friedrichs Interesse an den schönen Künsten. Vornehmlich die erste Lebenshälfte stand im Zeichen des Strebens nach geistiger Grazie. Gleichwohl war dies auch in seiner Kronprinzenzeit nur die halbe Wahrheit. Als einer von wenigen erwies sich der französische Gesandte an Friedrich Wilhelms Hof als weitsichtig, als er inmitten der allgemeinen Bewunderung für den Kronprinzen warnte: »Diejenigen, die ihn am besten kennen, sind überzeugt, daß man dereinst unter großen Opfern mit ihm neue Bekanntschaft wird machen müssen. Er wird als König nicht derselbe sein, aber man weiß nicht, was er sein wird.«

Dabei ließ sich Friedrichs Einstieg ins Regierungsgeschäft für alle, die über der Spree die Sonne der Vernunft aufgehen sehen wollten, gar nicht so schlecht an: Zu seinen ersten Anordnungen zählte die Abschaffung der Pressezensur (wenn auch nur im nichtpolitischen Teil der Zeitungen) und der Folter (mit Ausnahme von Hochverrats- und Massenmordfällen). Er betrieb Zeitungsneugründungen in Berlin, legte den Grundstein zum Bau des Opernhauses und weckte die Berliner Akademie aus dem Dämmerschlaf, in den sie unter seinem Vater gesunken war. Offensichtlich wollte der junge König mit Windeseile sein Vorhaben verwirklichen, durch Förderung der Künste und Wissenschaften an der Spree ein neues Athen entstehen zu lassen.

Ein kleiner Schönheitsfehler zeigte sich indessen: Eine seiner ersten Regierungshandlungen war auch die Aufstellung von 16 neuen Bataillonen und fünf Schwadronen Husaren sowie einer Schwadron Gards du Corps. Und wer seinen »Antimachiavel« aufmerksam gelesen hatte, konnte wissen, daß er seine Soldaten nicht nur zu sonntäglichen Paraden vor dem Stadtschloß einzusetzen gedachte. Friedrichs Schrift, für die er selbst seinen Regierungsantritt als verhängnisvoll bezeichnete, enthielt nämlich eine weniger radikale Ablehnung aggressiver Machtpolitik, als ihr Titel vermuten lassen konnte. Sie bestritt dem Herrscher nicht das Recht auf den Krieg als Mittel zur Durchsetzung seiner Interessen – defensiv wie präventiv.

Friedrichs ureigenste Interessen zielten im Jahr 1740 darauf, Preußen neben den damaligen europäischen Großmächten Österreich, Frankreich, Rußland und England als gewichtiges Mitglied im Klub der Mächtigen zu etablieren. 23 Jahre danach sollte er sein Ziel erreicht haben – durch drei Kriege mit Hunderttausenden von Toten und vor allem auf Kosten Österreichs.

Friedrichs begehrlicher Blick war auf Schlesien gefallen. Deshalb gab er seinen Einstand als König eben auch als militärischer Aggressor: Am 16. Dezember 1740, ein halbes Jahr nach seinem Regierungsantritt, begann der Erste Schlesische Krieg mit dem Einmarsch der Preußen in diese österreichische Besitzung. Ausschlaggebend für Friedrichs überraschenden Zugriff waren dabei weniger die formal ins (Schlacht-)Feld geführten Erbansprüche der Hohenzollern auf Schlesien aus der Regierungszeit des Großen Kurfürsten als vielmehr das Machtvakuum im Deutschen Reich, das durch den Tod seines habsburgischen Kaisers Karl VI. entstanden war. Friedrich sah seine Chance, »das Haus Österreich zu erschüttern« und die bisherigen politischen Konstellationen umzustoßen. Die Mittel, die er dafür wählte, waren ebenso rücksichtslos wie durchschlagend und beruhten auf der Einsicht, daß es schon immer erfolgversprechender war, erst zu schießen und dann zu fragen. Zum beabsichtigten Einfall in Schlesien, der seine Untertanen, Einnahmen und Territorien ungefähr um ein Drittel vermehrte, äußerte er sich 1740 in einer Denkschrift: »Haben wir erst einmal Besitz ergriffen, dann können wir mit Erfolg verhandeln. Durch bloße Verhandlungen können wir gar nichts gewinnen.« Etliche Waffengänge später gerann diese Erkenntnis zu einem politischen Credo: »Diplomatie ohne Waffen ist wie Musik ohne Instrumente«.

Sicherheit und Größe Preußens basierten folgerichtig unter Friedrich auf einem großen und guten Heer, einer wohlgefüllten Staatskasse und flexibler Bündnispolitik. Verbunden mit der Überzeugung, daß man »als Grundgesetz der Regierung des kleinsten wie des größten Staates [...] den Drang zur Vergrößerung betrachten« kann, garantierte diese Staatsführung in seiner 46jährigen Regierungszeit zwei weitere größere und einen kleinen Krieg und begründete Friedrichs Ruhm als Feldherr wie seine Verdammung als Kriegstreiber und die Irritation all jener, die sein philosophisches Bekenntnis zur Aufklärung nicht mit seinem Umgang mit den Zwängen der Realpolitik in Einklang bringen konnten. Voltaire, von Friedrich als philosophische Zierde seines Hofes erst umworben, dann geschaßt, empfand seinen königlichen Verehrer als januisköpfig; für ihn war Friedrich vom Enthusiasmus des Denkens genauso durchdrungen wie von den Gesetzen des Handelns, er setzte »Europa in Erstaunen, macht es arm, befleckt es mit Blut und macht Verse dazu« (was der König am Vorabend entscheidender Schlachten tatsächlich fertigbrachte). Friedrich selbst beschied Zweifel an seiner intellektuellen Redlichkeit wegen seiner gleichermaßen zielstrebig verfolgten athenischen wie spartanischen Neigungen kurz und bündig: »Ein Fürst, der Streitigkeiten mit Waffengewalt entscheiden kann, ist allemal ein großer Dialektiker.« Wobei er es nicht versäumte, sich auch über das Schicksal zu beklagen, das einen Schöngeist wie ihn in den preußischen Sterbekittel gesteckt hatte: »Wenn ich nicht Fürst wäre, würde ich nur Philosoph sein.« Seine Briefe unterschrieb er von seinem 16. Lebensjahr an bis ins hohe Alter gern als »Frédéric le philosophe«. Intensiv setzte er sich mit den Gedankengebäuden von Locke, Marc Aurel und Lukrez auseinander. Der von seinem Vater außer Landes gejagte Christian Wolff, ein Leibniz-Schüler, dessen teleologische Ideen Friedrich besonders schätzte, wurde von ihm rehabilitiert und an die Akademie berufen. Die Ideen Montesquieus und anderer französischer Frühaufklärer hatten Einfluß auf die unter ihm durchgeführte Humanisierung und Vereinheitlichung der preußischen Gesetzgebung, eine Reform, die dem Bürger größeren Schutz vor staatlicher und feudaler Willkür bot und Kants Lob für den »aufgeklärten« Monarchen hervorrief.

Zum hellen Entzücken der Frühaufklärer verhielt Friedrich sich auch in Fragen der Religion als gelehriger Schüler der Vernunft. Sein berühmtes Angebot an die preußischen Bürger, nach ihrer eigenen Façon selig zu werden, beruhte auf Pragmatismus und persönlicher Überzeugung. Zum einen holte es als Einladung an Glaubensflüchtlinge verschiedenster Couleur Arbeitskräfte und Know-how nach Preußen. Die Relativierung der Bedeutung religiöser Überzeugungen entsprach zudem einer Innenpolitik, die der Kirche, egal welcher, nicht die Rolle eines unabhängigen Machtfaktors im Staat zubilligte.

Zum anderen erschien es dem Vernunftmenschen Friedrich lächerlich, sich etwas so »Unsinnigem« wie einer Religion zu unterwerfen, diesem »mehr oder weniger widersinnigen System von Fabeln«. Öffentliche Brüskierungen der Kirche vermied er jedoch, schließlich konnte man sie als Märchenonkel für das Volk recht gut den eigenen Zwecken dienstbar machen. Sein persönliches Seelenheil mochte er ihr nicht anvertrauen; für die Verehrung Gottes brauchte er sie nicht, sah er diese doch schon in der Bewunderung eines Grashalms verwirklicht. Sein religiöser Skeptizismus (»Gott habe Erbarmen mit meiner Seele, falls wir eine Seele haben«) führte keineswegs zum Atheismus, schon sicherheitshalber nicht. De Catt bekannte er: »Ich kenne Gott nicht, aber […] bete ihn für alle Fälle an.« Entsprach sein Verhältnis zur Religion aufgeklärtem Denken, so konnte er sich für andere inhaltliche Positionen der Aufklärung nicht in gleicher Weise erwärmen. Den Enthusiasmus der Vernunftsphilosophen für die stürmisch sich von Aberglaube und religiösen Fesseln emanzipierenden exakten Wissenschaften teilte er nicht. Mathematik und Naturwissenschaften bedeuteten ihm wenig, Geometrie, Elektrizität und Astronomie hielt er für Spielereien. Die Berliner Akademie leistete auf naturwissenschaftlichem Gebiet unter der Präsidentschaft des Mathematikers Pierre Louis Moreau de Maupertuis (1698–1759) dennoch Bedeutendes.

Als Zyniker und Machtmensch hing Friedrich nicht dem idealistischen Menschenbild der Aufklärung an. Eine allgemeine Hebung des Bildungsstandes sah er kaum als Beitrag zur allseitigen Entwicklung der Anlagen des Menschen, eher als Beschwörung sozialen Unfriedens: Auf dem Land reiche ein bißchen Schreiben und Lesen, sonst renne doch bloß alles in die Städte und wolle Sekretär und sowas werden. Überhaupt sei es vergebliche Mühe, die Menschen aufklären zu wollen: »Trotz der Philosophenschulen wird der Mensch das böseste der Tiere bleiben [...].«

Freilich – für den Hausgebrauch und seinen gelehrten Briefwechsel floß dem Freizeitphilosophen manchmal ein Loblied auf Schönheit und Talente aller Menschen aus der Feder. Die Auswirkungen solcher Ansichten auf seine praktische Politik waren aber eher bescheiden. Reformen ließ er dort zu, wo sie nicht an die Substanz seiner absolutistischen Machtfülle gingen. Der königliche Philosoph wußte die Staatsräson allemal den Sophistereien überzuordnen. Unter den Frühaufklärern, die auf die Einsicht der Fürsten setzten, konnte er sich noch als Philosoph unter Philosophen fühlen, die radikaleren Forderungen eines Rousseau oder Diderot lehnte er hingegen ab. Ganz so weit ging die Liebe zur Philosophie denn doch nicht, daß Friedrich sich selbst arbeitslos machen wollte.

In Sanssouci schlüpfte er in die Rolle des Feierabendphilosophen, der dort auch blieb, wenn der König in die Schlacht zog. Zur Aufgabenteilung zwischen den beiden Friederichen bekannte er sich ganz offen: »Ich hoffe, die Nachwelt wird bei mir den Philosophen vom Fürsten und den Ehrenmann vom Politiker zu scheiden wissen.« Natürlich konnten beide sich auch durchdringen: Friedrichs Selbstverständnis als Fürst lagen nicht feudale Machtherrlichkeit und Personenkult zugrunde, sondern eher die aufklärerische Idee des Gesellschaftsvertrages, welche die sittliche Verpflichtung des Königs als erstem Diener des Staates zum Wohl seiner Untertanen vertrat. Sein Staatsbegriff entsprach dem aufklärerischen Vernunftstaat, der ganz von persönlichen und staatlichen Pflichtbegriffen getragen und als funktionales Verwaltungs-, Justiz- und Militärsystem begriffen wird, nicht als Spielwiese für den Narzißmus selbstherrlicher Souveräne.

Dem gegenüber steht jedoch Friedrichs absolute, autokratische Regierungsweise. Seine Machtfülle als Herrscher ließ er sich von niemandem beschneiden, Gesellschaftsvertrag hin, Gesellschaftsvertrag her. Mochte er theoretisch auch anerkennen, daß ihm die Macht nur übertragen war, so hatte er sie nun eben, und damit basta! Dem alten Vertrauten seines Vaters, dem Fürsten Leopold von Anhalt-Dessau, fuhr er schon unmittelbar nach dem Tod Friedrich Wilhelms über den Mund: »Autorität habe in diesem Lande nur ich!«

Und wie er sie hielt! Da er niemandem vertraute, versuchte er alles allein zu machen. Delegation von Verantwortung erkannte er als Zersplitterung und Beeinträchtigung der Geheimhaltung, die für ihn die Seele der Politik war, eine Tatsache, die im Hinblick auf seinen wetterwendischen außenpolitischen Stil des Eiertanzes zwischen den Koalitionen einleuchtet. Neben seinen eigenen duldete er keinerlei persönliche Ambitionen im Staatsapparat. Seine Beamten und Minister waren mit minimaler Eigenverantwortung ausgestattet und permanenter persönlicher Kontrolle des Königs unterworfen. Friedrichs absolute Politik wurde als »Regierung aus dem Kabinett« berühmt: Friedrich nahm nicht an den wöchentlichen Kollegiumssitzungen der Minister teil, sondern ließ sich ihre Vorschläge schriftlich vorlegen und übermittelte ihnen seine Entscheidungen als Randbemerkungen oder ausführliche Kabinettsordre. Seine spärliche Kommunikation mit preußischen Staatsdienern pflegte einen ausgesprochen einseitigen Verlauf zu nehmen: »Sei er stille und lasse er mich reden«, eine Aufforderung, die oft auch für seine privaten Tafelrunden und Debattierzirkel galt. Zu schweigen hatten mitunter auch die durch seine Justizreform eigentlich in ihrer Unabhängigkeit gestärkten Richter, wenn ihr Urteil dem Landesherrn nicht zusagte. Zu Unrecht berühmt geworden ist sein Eingriff in einen Gerichtsprozeß zugunsten eines einfachen Müllers, der eine klare – und unberechtigte – Beschneidung der Autonomie des Gerichts darstellte.

In seinem Reich sah Friedrich regelmäßig persönlich nach dem Rechten und verglich auf seiner alljährlichen Tour durch die Provinzen die Statistiken seiner Beamten mit der Realität. Seine Begründung für das Mißtrauen seinen Staatsdienern gegenüber war nach absolutistischer Logik einleuchtend: Diese hätten keine ausreichende Motivation, sich um den Staat zu kümmern, da er ihnen ja nicht gehöre.

So bestimmte Friedrichs eiserner und absoluter Wille, gestützt auf die zuverlässigen zentralistischen Instrumente eines vorzüglichen stehenden Heeres, eines ausgebauten Verwaltungsapparats und einer straff merkantilistisch gelenkten Wirtschaft, bis zu seinem letzten Atemzug die Geschicke seines Staates. Ein Wille, der getragen wurde von einem persönlichen Pflichtbegriff, der als »typisch preußisch« berühmt und verflucht wurde.

In Friedrichs Preußen gab es nur die Pflicht und nichts als die Pflicht. Pflicht des Fürsten war es, erster Diener seines Staates zu sein, Pflicht des Bürgers, seinem Staat zu dienen. Friedrich: »Unser Leben ist ein flüchtiger Übergang vom Augenblick unserer Geburt zu dem des Todes. Während dieser Spanne hat der Mensch die Bestimmung, zu arbeiten für das Wohl der Gesellschaft, der er angehört.«

Die Pflicht erlangte im friderizianischen Staat, kompromißlos vorgelebt von seinem ersten Diener, im Schlepptau der Säkularisierungstendenz des Aufklärungsgedankens eine quasireligiöse Ersatzfunktion. Kants kategorischer Imperativ war das dicke Ausrufezeichen hinter dem Gebot, ein staatstreuer Bürger zu sein. Gehorsam, Pünktlichkeit, Fleiß – sie wurden

die Zutaten eines Pflichtbegriffs, der schon zu Friedrichs Lebzeiten verknöcherte und verhängnisvolle deutsche Verirrungen vorzeichnete. Was der junge König noch als hingebungsvolle Einsatzbereitschaft beschrieben hatte (»Ich kann mich einer Sache nicht halb ergeben. Ich muß kopfüber hinein.«), vernarbte im Alter zur misanthropischen Maschinenhaftigkeit.

Menschliche Bindungen hatten ohnehin nur selten Friedrichs Pflichtausübung beeinträchtigt. Sein Verhältnis zum anderen Geschlecht zeichnete sich durch so vollständige Abwesenheit aus, daß es Anlaß zu phantasievollem Herumrätseln gab. Gerüchte über seine angebliche Impotenz vermischten sich mit Vermutungen über homosexuelle Beziehungen zu seinem engen Vertrauten Fredersdorff oder noch phantastischeren libidinösen Spekulationen, in denen seine geliebten Windspiele eine unappetitliche Rolle spielten. Als Tatsache läßt sich lediglich festhalten, daß Friedrich amouröse Erfahrungen, wenn überhaupt, nur in seiner Kronprinzenzeit sammelte. Seine Frau, mit der er die Rheinsberger Jahre immerhin in harmonischer Koexistenz verbracht hatte, verbannte er als König nahezu vollständig aus seinem Leben. Nachkommen waren nie eingeplant, zu seinem Nachfolger bestimmte er schon früh seinen Bruder

August Wilhelm, dessen plötzlicher Tod dessen Sohn Friedrich Wilhelm zum Thronfolger avancieren ließ.

Ein vertrautes Verhältnis hatte Friedrich nur zu wenigen Menschen. Seine Neigung zu beißendem Spott, Eitelkeit und Rechthaberei ermöglichte nur wenigen eine wirkliche menschliche Annäherung. Aus dem Siebenjährigen Krieg kehrte er als verbitterter Mann zurück, im jahrelangen, aussichtslos scheinenden Kampf gegen eine riesige Übermacht zu stoischem Gleichmut verhärtet, auch der Handvoll Menschen beraubt, zu denen er engere Beziehungen unterhielt: Mutter, Lieblingsschwester Wilhelmine und die meisten Freunde waren tot.

Kopfüber stürzte er sich in seine Regierungspflichten und trieb den Wiederaufbau des Landes mit allen Mitteln voran, setzte neue Kolonisten an, ließ Land urbar machen, Kanäle stechen, Dörfer gründen. Im persönlichen Leben erstarrte er nun zur Figur des Alten Fritz, der – nur noch von wenigen Menschen umgeben – in seinem Lustschloß Sanssouci auf einem Feldbett schlief und in immer derselben abgewetzten, tabakverschmierten Uniform mit automatenhafter Präzision seinen Staatsgeschäften nachging. Noch kurz vor seinem Tod, von Gicht, Kurzatmigkeit und Wassersucht geplagt, keucht er nach einem Schlaganfall: »Mein Leben ist auf der Neige, die Zeit, die ich noch habe, muß ich benutzen, sie gehört nicht mir, sondern dem Staate!«

Diese Haltung war Vorbild für das Preußen-Lob konservativer bis reaktionärer Historiker, die im Regime des Alten Fritz den Kern der deutschen Bestimmung sahen: militärische, staatliche und persönliche Disziplin, unbedingte und entpersönlichte Unterordnung des einzelnen unter das Gemeinwohl. Und genau dieser Pflicht-Fetischismus ist es, der deutschen Untertanengeist und die Abkopplung von der Eigenverantwortlichkeit prägte, die das reibungslose und willige Funktionieren der vielen kleinen Rädchen der nazistischen Todesmaschinerie ermöglichte.

Schließlich sind wir also doch noch bei Friedrich dem Monster angelangt – zumindest für den, der in einem großen Feldherrn vornehmlich den Militaristen und Mörder sieht: Friedrich war beides. Nirgendwo sonst zeigte der preußische Pflichtbegriff so deutlich sein menschenverachtendes Gesicht wie im Militär seines Staates, von dem Spötter behaupteten, daß er mehr einer Armee, die ein Land besaß, ähnelte als einem Land mit einer Armee. Tatsächlich betrieb Friedrich eine kontinuierliche Aufrüstung. Hinterließ sein Vater, den man immerhin den »Soldatenkönig« nannte, ihm eine Armee von rund 80000

Mann, so stockte er diese bis zu seinem Tod zu einer Größe von ungefähr 200000 Mann auf. Man darf dabei allerdings nicht übersehen, daß das Verhältnis von Zivilbevölkerung zu Diensttuenden aufgrund des großen Bevölkerungswachstums in seiner Regierungszeit etwa dasselbe blieb. Diese Tatsache war allerdings wenig tröstlich für seine Widersacher, zu denen für Friedrich fast jeder gehörte (»Die Nachbarn eines Fürsten sind gewöhnlich seine Feinde«) und die er mit seiner Armee ein ums andere Mal angriff.

Friedrich hatte sich eine handliche Definition des Angriffskriegs zurechtgelegt: Als Angreifer zählte für ihn nicht derjenige, der den ersten Schuß tat, sondern wer sich vorher drohend verhalten hatte: schon immer eine Frage der Definition und des Standpunkts und allemal eine Rechtfertigung für sogenannte Präventivschläge, die Friedrich allerdings in den meisten Fällen den Kopf gerettet haben dürften. Als König einer Mittelmacht ständig im Kampf mit überlegenen Großmächten liegend, besaß er nach dem vielzitierten Bonmot Carlyles »das viel kürzere Schwert, aber er brachte es schneller aus der Scheide«.

Flankiert wurden seine Überraschungsangriffe von einer Bündnispolitik, die ihn die Kampfgefährten wechseln ließ wie die Schnupftabakdosen (von denen er rund 300 Stück besaß). In seinen politischen Testamenten empfahl er seinem Nachfolger, friedliche Gesinnungen solange zur Schau zu tragen, »bis der günstigste Augenblick sich einstellt«, sich dann auf den unversöhnlichsten der Feinde zu konzentrieren, mit den anderen zu verhandeln, eventuell mit ihnen auch unter Nachteilen einen Sonderfrieden zu schließen, den Hauptfeind dann zu vernichten und sich unter Vorwänden erneut über die anderen herzumachen. Wir Privatleute mögen das unmoralisch finden, für einen Fürsten wie Friedrich waren es schlicht Sachzwänge.

Begünstigt wurde seine Schaukelpolitik von der politischen Großwetterlage in Europa, in der vieles im Fluß war: Österreich führte einen beständigen Abwehrkampf um seine Großmachtstellung, Rußland rückte aus Asien auf, Frankreich und England stritten in ihren überseeischen Besitzungen um nichts weniger als die Weltmacht. Die sich daraus ergebenden Konstellationen nutzte Friedrich geschickt aus; nur einmal verkalkulierte er sich gründlich, als er die traditionellen Gegensätze zwischen Frankreich und Österreich für unüberbrückbar hielt. Prompt befand er sich im Siebenjährigen Krieg (1756–1763) im Kampf gegen Frankreich, Rußland und Österreich – mit der lediglich materiellen Unterstützung Englands. Maria Theresia, der er im

Ersten Schlesischen Krieg Schlesien abgenommen und gegen die er es im Zweiten behauptet hatte, konnte sich gute Chancen ausrechnen, den preußischen Ehrgeizling auf das bekömmliche Maß zurechtzustutzen: Mit ihrem überraschenden Einfall in Sachsen hatten Friedrich und seine gut 100000 Soldaten sich mit einer Übermacht von weit über 300000 Mann verbündeter Truppen angelegt. Gegner mit einer gemeinsamen Bevölkerungsstärke von rund 100 Millionen Menschen befanden sich im Kriegszustand mit Preußen und seinen knapp fünf Millionen Einwohnern. Statt des Beinamens »der Große« hätte diese Unternehmung Friedrich leicht die Kennzeichnung »der Größenwahnsinnige« einbringen können. Anfänglichen Erfolgen folgte ein langer und auszehrender Abwehrkampf. Die mangelhafte Abstimmung seiner Kontrahenten half Friedrich; ob er allerdings ohne den rechtzeitigen Tod der russischen Zarin und den Rückzug ihrer Truppen noch den Kopf aus der Schlinge gezogen hätte, ist zweifelhaft.

Die Lust auf kriegerische Abenteuer verdarb die Zitterpartie des Siebenjährigen Krieges ihm gründlich, den Land- und Machthunger nicht. Getrieben von sowohl geostrategischen Überlegungen als auch dem dynastischen Auftrag, den Besitz des Hohenzollernhauses zu mehren, bereicherte er sich 1772 in schönstem Einvernehmen mit Österreich und Rußland an polnischem Territorium. Preußen wuchs durch die räuberische Amputation ohne Blutvergießen bei dieser Ersten Polnischen Teilung um Westpreußen, das Ermland, den Netzedistrikt und rund 600000 Untertanen, freilich alles Pollacken, die in einem »Stückchen Anarchie« lebten (wie Friedrich sogleich erkannt hatte), dem preußische Reformen gerade noch gefehlt hatten.

Gänzlich ohne Waffengang kam Friedrich auch bei seiner letzten politischen Maßnahme, der Eindämmung Österreichs, aus: 1785 gründete er den deutschen Fürstenbund als Bündnis Preußens mit 15 kleineren Territorialfürsten. Wer will, mag dies als einen ersten Schritt zu größerer deutscher Einheit feiern, für Friedrich war es nichts weiter als ein Beitrag zur Neutralisierung der habsburgischen Macht, mit der er sich zuletzt 1778 handgreiflich auseinandergesetzt hatte. Im Bayerischen Erbfolgekrieg, auch »Kartoffelkrieg« genannt, waren alle Beteiligten aber mehr damit beschäftigt, ihre Armeen im ausgepowerten Bayern vor dem Verhungern zu bewahren, als militärische Lorbeeren einzuheimsen. Als grandioser Schlachtenlenker trat Friedrich in dieser Episode nicht auf, eine Rolle, in der er in der Anfangsphase des Siebenjährigen Krieges brilliert hatte.

Vor allem die siegreichen Gemetzel bei Roßbach und Leuthen bewiesen, daß er mit der preußischen Armee ein nahezu perfektes Instrument geschaffen hatte, das er flexibel zu handhaben vermochte. Das berühmte bewegliche Manövrieren Friedrichs auch mit zahlenmäßig unterlegenen Truppenkontingenten war nur möglich durch den unbarmherzigen preußischen Drill. Er zielte auf größere Schnelligkeit bei der Ausführung taktischer Manöver und ermöglichte in der Schlacht die schnellstmögliche Auflösung der Marschkolonne in linearer Ordnung.

Die Einsatzbereitschaft seiner Truppen garantierte Friedrich durch beständige Übung und eiserne Disziplin. Das Militär, seinen »Acker und Pflug«, ließ er jährliche Manöver abhalten – damals eine Novität in Europa. Seine Offiziere waren zu unnachsichtiger Strenge angehalten. Auf Desertion, aufgrund der Zwangsrekrutierungen ein schon beinahe epidemisches Delikt in der preußischen Armee, standen drakonische Strafen, als berüchtigtste das blutige »Spießrutenlaufen«.

Die Zustände im preußischen Heer, in dem der gemeine Soldat vor dem eigenen Offizier mehr Angst zu haben hatte als vor dem Feind, enttarnen das gern kultivierte Bild vom »Soldatenvater Fritz«, womöglich koloriert mit Rührszenen wie dem schlafenden König im Schoß eines Soldaten oder Friedrich als Gleichem unter Gleichen beim schichtweisen Erwärmen am Lagerfeuer im Winterlager, als schlechtes Abziehbild aus nationaldeutschen Erbauungsalben. Der einfache Soldat bedeutete Friedrich nichts. Rekruten waren »Krop« oder »Zeug«, auf zurückweichende Grenadiere prügelte er ein: »Rackers! Wollt ihr denn ewig leben?!«

Mehr galt ihm da schon der adlige Offizier. Friedrich stützte sich auf den Adel als Werkzeug zur Durchsetzung seines Willens in seinem Offizierskorps genauso wie in seinem Beamtenapparat. Als Gegenleistung für die vom König garantierte Wahrung seiner Privilegien erwies der ihm unbedingte Loyalität. Nur dem Adel war das Eigentum von Grund und Boden und, was in Preußen den Menschen erst ausmachte, der Zugang zur Offizierslaufbahn erlaubt. Friedrich war damit der eigentliche Begründer des Junkerdünkels der preußischen Offizierskaste.

Wer jetzt wieder das Monster Friedrich hämisch unter dem Dreispitz hervorgrinsen sieht, dem sei gesagt, daß seine Methoden sich höchstens in ihrer Effizienz von dem unterschieden, was zu seiner Zeit allgemein gang und gäbe war. Er hat den Krieg weder erfunden, noch verschwand dieser mit seinem Tod aus der europäischen Geschichte. Daß die beiden verheerendsten der auf ihn folgenden Kriege preußischer Machart waren, darf man ihm kaum persönlich ankreiden, hat aber sicher mit den von ihm begründeten preußischen Traditionen zu tun. Bekanntlich hat der Staat Preußen im Interesse der Aufrechterhaltung des Friedens und der Sicherheit der Völker seit dem 25.2.1947 zu bestehen aufgehört.

INSTRUCTION
MILITAIRE
DU
ROI DE PRUSSE
POUR
SES GÉNÉRAUX
TRADUITE DE L'ALLEMAND
PAR Mr. FAESCH,
Lieut. Col. dans les Troupes Saxonnes.

Avec XIII Planches, gravées en taille douce.

FRANCFORT & LEIPSIC.

MDCCLXI.

Kapitel IV
Notizen zum Schrifttum von und über Friedrich II.

Bücher über das 18. Jahrhundert im allgemeinen und Friedrich II. im besonderen – von Zeitschriftenbeiträgen ganz zu schweigen – füllen heute ganze Bibliotheken.

Der Gehalt dieser wissenschaftlichen und populären Veröffentlichungen ist sehr unterschiedlich. Sowohl historische Betrachtungen als auch sehr einseitige bis zur Vergötterung reichende Darstellungen und Personenbeschreibungen von Friedrich II. befinden sich darunter. Oftmals ist dieses Schrifttum noch mit Illustrationen versehen, die mit der Wirklichkeit des 18. Jahrhunderts kaum noch etwas zu tun haben.

Ausgesprochene Quellenwerke, d.h. zeitgenössische Erlebenisberichte, Briefe, Notizen von Personen, die mit dem Kronprinzen oder später dem König (1740–1786) persönlich zusammengetroffen sind, liegen jedoch nur sehr spärlich und kaum gesammelt vor.

Umso umfangreicher sind die schriftstellerischen Arbeiten von Friedrich II. selbst. In 30 Bänden sind diese zusammengefaßt und unter dem Titel Œuvres de Frédéric le Grand, herausgegeben von J. D. E. Preuß, Berlin 1846–1856 erschienen.

Es muß zu denken geben, daß diese Ausgabe nur in wenigen deutschen historischen Bibliotheken zu finden ist. Obendrein liegen Friedrichs Schriften nur auszugsweise in deutschen Übersetzungen vor, erst im 20. Jahrhundert verlegt. Es ist die preußische Akademie der Wissenschaften, die in 46 Bänden von 1879–1939 die politische Korrespondenz von Friedrich II. in deutscher Sprache herausgegeben hat.

Hervorzuheben sind der Briefwechsel zwischen Friedrich und seiner besonders geschätzten älteren Schwester Wilhelmine Gräfin von Bayreuth und das Tagebuch von Henry de Catt, der von 1758 bis 1782 in nächster Umgebung des Königs lebte und die Gespräche und Beobachtungen aufschrieb.

Von den vielen Biographen dieses intellektuellen Hohenzollernfürsten soll hier auf drei ausländische Autoren das besondere Interesse gelenkt werden. Die nachfolgend genannten Bücher haben den Vorteil, daß einmal die Auswertung des zeitgenössischen Schrifttums in französischer Sprache als Franzose keinerlei Schwierigkeiten bereitete, während im zweiten Falle ein österreichischer Historiker und

Publizist die Wiener Archive nutzte, um aus dieser Sicht eine Personenbeschreibung des Preußenkönigs Friedrich II. zu geben.

Pierre Gaxotte ist Historiker und Mitglied der Académie Française. Seine Friedrich-Biographie erschien erstmals französisch 1938, in deutscher Übersetzung erst 1973. Gleiche Bedeutung ist dem Buch »Der König und die Kaiserin« von Friedrich Heer zuzusprechen. Im Schatten dieser Bücher verblassen die Biographien von Thomas Carlyle (1835, in deutscher Übersetzung, Berlin 1858–63) und Franz Kugler (1838), die diese Persönlichkeit zwischen Absolutismus und Aufklärung ein-seitig wiedergaben und aus ihr einen preußisch-deutschen Heros zum Beweise der Regierungsfähigkeit der Hohenzollerndynastie zeichneten. Diese Verfasser trugen sehr entscheidend dazu bei, in einer Zeitenwende zu mehr sozialer Gerechtigkeit und neuer Humanität, reaktionäre Auffassungen zu unterstützen.

Eine nüchterne Biographie mit vielen zeitgenössischen farbigen Illustrationen schrieb der Italiener Emilio Franzina 1981, die gleichzeitig auch in deutscher Übersetzung von Astrid Merker im Verlag Hasso Ebeling, Luxembourg, erschien.

Außerdem wurden als Basislektüre herangezogen

1858–65 Thomas Carlyle: History of Friedrich II. of Prussia, called Frederick the Great, London

1840–42 Franz Kugler: Die Geschichte Friedrichs des Großen

1842 Thomas Babington Macaulay: Frederick the Great, an historical Essay

1884 Henrie de Catt: Unterhaltungen mit Friedrich dem Großen, Memoiren und Tagebücher, Leipzig

1952 Ludwig Reimers: Friedrich, München

1963 Edith Simon: Friedrich der Große. Das Werden eines Königs, Tübingen

1964 G. P. Gooch: Friedrich der Große. Herrscher – Schriftsteller – Mensch, Frankfurt/Main

1965 Hans Jessen (Hg.): Friedrich der Große und Maria Theresia in Augenzeugenberichten, Düsseldorf

1967 Anneliese Botand (Hg.): Voltaire über den König von Preußen. Memoiren, Frankfurt/Main

1968 Rudolf Augstein: Preußens Friedrich und die Deutschen, Frankfurt/Main

1978 Sebastian Haffner: Preußen ohne Legende, Hamburg

1979 Bernt Engelmann: Preußen – Land der unbegrenzten Möglichkeiten, München

1980 Sebastian Haffner/Wolfgang Venohr: Preußische Profile, Königstein

1980 Ingrid Mittenzwei: Friedrich II. von Preußen, Köln

1981 Martin Greiffenhagen: Die Aktualität Preußens, Frankfurt/M.

1981 Manfred Schlenke (Hg.): Preußen – Beiträge zu einer politischen Kultur. Katalog in fünf Bänden, Berlin

1981 Joachim Fernau: Sprechen wir über Preußen, München/Berlin

Kapitel V

Der Internationale Typenkatalog kulturhistorischer Zinnfiguren

Erstmalig wurde bei der Vorbereitung der Ausstellung Friedrich II. in Zinn von einer Katalogisierung Gebrauch gemacht, an der in aller Stille bereits seit dem ersten internationalen Kongreß der Zinnfigurenfreunde zu Amsterdam 1956, an dem aus zwölf Ländern Teilnehmer kamen, gearbeitet. Sie findet erstmalig in der in Kapitel VI tabellarisch aufbereiteten Übersicht der bisher gefundenen Typen von Zinnfiguren Friedrichs II. den vorsichtigen Weg in die Öffentlichkeit. Weit über 100000 Typen von 30-mm-Figuren sind bereits katalogisiert worden. Von insgesamt 232 Offizinen (Herausgebern) wurden Typen katalogisiert und nach Epochen geordnet. Wer dazu mehr erfahren möchte und auch bereit ist, eine spezielle Epoche mit zu betreuen, wende sich an Herrn Dipl. Ing. Wolfgang Nitz, Tollensestraße 22, 1000 Berlin 37, Vorstandsmitglied des Vereins zur Förderung des Berliner Zinnfigurenmuseums e.V. (bitte Rückporto beilegen).

Das Fundament des internationalen Typenkatalogs (ITK) wurde von Zinnfigurenfreunden der »Niederländischen Stiftung zur Beförde-rung der Anwendung von Zinnfiguren« kurz nach deren Gründung, 1955, gelegt. Die Idee entsprach dem vorhandenen Bedürfnis einer gezielten thematischen Information über die vorhandenen Typen, vor allem zu Zwecken des Aufbaus kulturhistorischer Dioramen, wie diese bereits in den 30er Jahren von Dr. Wieringa (NL) angefertigt wurden. Heute sind diese Dioramen im ersten Niederländischen Zinnfigurenmuseum zu Ommen, unweit Deventer, aufgestellt.

Die Arbeiten für diesen ITK wurden freiwillig geleistet. Auf Anregung von Friedrich Schirmer, Burgdorf, wurden neben der Benutzung vorliegender Typenlisten von einigen Offizinen auch die Typentafeln aus der bis 1972 unter seiner Redaktion stehenden Monatszeitschrift »Die Zinnfigur« genutzt.

So wurde nicht nur der damalige Stand der vorhandenen Zinnfiguren katalogisiert, sondern gleichzeitig eine Fortschreibung neu erschienener Figuren eingeleitet. Durch Berufswechsel des Redakteurs des ITK an die Technische Universität Berlin und den frühzeitigen Tod des Zinnfigurenfreundes Thomas Blase, damaliger Leiter des Stadtteilmuseums zu Berlin-Neukölln, kam die Katalogisierung leider zum Erliegen. Der »Verein zur Förderung des Berliner Zinnfigurenmuseums« hat die Katalogisierungsarbeiten 1984 wieder aufgenommen und unter Förderung der Berliner Festspiele G.m.b.H. und nunmehr auch des Kultursenators von Berlin, zusammen mit dem Landesarbeitsamt mit Jahresabschluß 1985 zunächst Bestand an kulturhistorischen 30-mm-Zinnfiguren erarbeitet. Die Fortschreibung des Kataloges und seine Vervielfältigung wird in naher Zukunft eine wichtige Aufgabe des Dokumentationszentrums innerhalb des Zinnfiguren-Forums und -Museums zu Berlin sein. Ohne diesen ITK wäre eine Ermittlung der meisten Porträtfiguren von Friedrich II. in relativ kurzer Zeit für diese Ausstellung und dieses Buch nicht möglich gewesen.

Kapitel VI

Tabellarische Übersicht der bis Ende 1985 ermittelten kulturhistorischen Miniaturfiguren aus Zinn (flach und plastisch) von Friedrich II. 1712 bis 1786

Lfd. Nr.	Darstellung Friedrich II.	Stellung	Bezug zum Jahre	Kode	Type Nr. (Schlüssel s. S. 129)	Art	Figur entworfen	gezeichnet nach Malerei von	Graveur	Figur bemalt von	in Diorama
1	2	3	4	5	6	7	8	9	10	11	12
I. Flache Zinnfiguren 30 mm											
1	erhält bereits 3 Monate nach seiner Geburt am 24.1.1712 den schwarzen Adlerorden	F	1712	60		S	u		Fr		
2	in Tangermünde, Brezeln verteilend	P	1720	156	Ds457	S	Hei	Röchling	Ri	12	2
3	mit Gräfin Orczelska in Dresden am Spinet	P	1728	156	Ds570	Gr	Hei	Menzel	Ri	28	3
4	mit Gräfin Orczelska in Dresden auf dem Maskenball	P	1728	156	Ds560	Gr	Hei	Menzel	Ri	28	4
5	im Séparée des Balls zu Dresden bei der schönen Formera	P	1728	156	Ds552	S	Hei	Menzel	Ri	16	5
6	Hochzeit mit Prinzessin Elisabeth von Braunschweig-Bevern, 12. Juni	hFr	1733	156	Ds230	Gr	Hei	Zeitgenössischer Holzstich	Ri	17	6

Lfd. Nr.	Darstellung Friedrich II.	Stellung	Bezug zum Jahre	Kode	Type Nr.	Art	Figur entworfen	gezeichnet nach Malerei von	Graveur	Figur bemalt von	in Diorama oder GV*
1	2	3	4	5	6	7	8	9	10	11	12

I. Flache Zinnfiguren 30 mm (Fortsetzung)

Lfd. Nr.	Darstellung Friedrich II.	Stellung	Bezug zum Jahre	Kode	Type Nr.	Art	Figur entworfen	gezeichnet nach Malerei von	Graveur	Figur bemalt von	in Diorama oder GV*
7	zu Fuß, langsam gehend	hFr		78		E	u	E.E.	Bö	2	12
8	im Boot mit Freunden auf dem Rheinsberger See	P	1736	232	KB 34	Gr	M	wahrscheinlich Knobelsdorff	M	17	GV
9	in Rheinsberg bei seinem Gärtner	P	1736	33	136	S		u	SM		
10	auf einem Schlitten mit König Friedrich Wilhelm I. in Potsdam	P	1736	156	Ds	Gr	Hei	Katalog Hohenzollernmuseum	Ri	14	GV
11	zu Pferd, grüßend den Hut abnehmend	P		137	4111	E	RG	Knötel	HGL		
12	zu Pferd, mit dem Stock zeigend	P		24	401	E	u		L.Fr	7	13
13	gehend, sich auf einen Stock stützend	P		33	88	E	u		SMS	19	10
14	mit seinem Barsoi Biche, ihm das Maul zuhaltend	F	1745	33	96	E	u	Röchling	SMS	21	15
15	zu Pferd, grüßend	F		7	190	E	Fr		HGL	19	16
16	zu Pferd, mit Hut grüßend	F	1745	23	85	S	u		u		

*GV = Glasvitrinen

Lfd. Nr.	Darstellung Friedrich II.	Stellung	Bezug zum Jahre	Kode	Type Nr.	Art	Figur entworfen	gezeichnet nach Malerei von	Graveur	Figur bemalt von	in Diorama
1	2	3	4	5	6	7	8	9	10	11	12

I. Flache Zinnfiguren 30 mm (Fortsetzung)

Lfd. Nr.	Darstellung Friedrich II.	Stellung	Bezug zum Jahre	Kode	Type Nr.	Art	Figur entworfen	gezeichnet nach Malerei von	Graveur	Figur bemalt von	in Diorama
17	Flöte spielend ohne Notenständer	P	1735	7	18	E	Fr	Menzel	SMS	15	19
17a	Flöte spielend mit Notenständer	P	1750	7	73	E	Fr	Menzel	SMS	16	21
18	mit der Tänzerin Barbarina	P	1746	156		Gr	Hei		Ri		
19	stehend zu Fuß	P	1746	7	4	E	Fr		SMS	2	17
20	stehend zu Fuß mit 2 Barsois	P	1747	166	1020	S	u		u		
21	stehend, weisend zu Fuß	P	1748	33	686	E			SMS	21	8
22	Flöte spielend mit 2 Barsois	P	1750	7	13	Gr	Fr	Relief Denkmal Rauch	SMS	14	
23	Voltaire in der Bibliothek von Sanssouci aufsuchend	P	1750/52	185	23	E	Hei		HGL	16	20
24	auf einer Bank mit Barsoi im Garten von Sanssouci mit Voltaire	hFr	1750/52	174	174	S	Hei	Camphausen	HGL	21	23
25	mit Bruder Prinz Heinrich im 8spännigen Phaeton	P		194	4a–c	S	Ho		Hoh	16	25

I. Flache Zinnfiguren 30 mm (Fortsetzung)

26	zu Fuß, stehend	F		78	3	E	M	E.E.	M	14	9
27	zu Pferd, ruhig stehend	P		11		E	u	u	Fe	15	
28	zu Fuß mit erhobenem Stock	F		7	2	E	Fr	E.E.	SMS		GV
29	mit Adjutant zu Fuß	P		11		Gr	u	u	L.Fr	9	24
30	zu Pferd, stehend	P		24	416	E	u	Chodowiecki	L.Fr	27	30
31	auf unruhigem Pferd	P	1775	58		E	Nes	C. Lady 1749–1821	HGL	7	11
32	verleiht schwarzen Adlerorden	P	1755	160	25	S	Hei	Bucherbach 1786	MGL	12	
33	im Galopp reitend (KA 7)	P	1756	194	1	S	Ho	Eigener Entwurf	Hoh	15	27
34	zum Thema Kolin am 18. Juni »Sir, wollen Sie die Batterie allein erobern?«	P	1757	33	91	S	u	Knötel	SMS	16	28
35	auf Wasserrohr zu Nimburg sitzend	½ P	1757	195	4	E	M	Julius Antonio Schrader	M	14	
36	auf Wasserrohr zu Nimburg sitzend	½ P	1757	33	94	E		Knötel	SMS	21	29

Lfd. Nr.	Darstellung Friedrich II.	Stel-lung	Bezug zum Jahre	Kode	Type Nr.	Art	Figur ent-worfen	gezeichnet nach Malerei von	Gra-veur	Figur bemalt von	in Dio-rama
1	2	3	4	5	6	7	8	9	10	11	12

I. Flache Zinnfiguren 30 mm (Fortsetzung)

	zum Thema Leuthen am 4. Dezember										
37	Ansprache haltend	F	1757	33	551	S			SMS	27	31
38	mit General Ziethen zu Pferd	½ P	1757	11	8	Gr	u	u	Fe	23	GV
	zum Thema Zorndorf am 25. August										
39	mit Fahne des Füsilier-Rgt. 46 vorgehend	F	1758	33	1	Gr	u	u	SMS	13	32
40	mit Fahne und Offizieren	P	1758	11	16	Gr	u		u	19	GV
41	mit Fahne und Füsilieren	P	1758	11	19	Gr	u		u	19	GV
42	einem Panduren zurufend: »Du, Du hast ja kein Pulver auf der Pfanne«	½ P	1758	78	61	S	H.L	Röchling	H.L		
	zum Thema Roßbach am 5. November										
43	zu Pferd mit General Seydlitz		1758	11		Gr	u		u	23	36
44	zu Pferd im Galopp sprengend	P		24	S417	E	u		L.Fr.	29	GV
45	zu Pferd im gestreckten Galopp	P		11	5	E	u		u	29	GV

Lfd. Nr.	Darstellung Friedrich II.	Stel- lung	Bezug zum Jahre	Kode	Type Nr.	Art	Figur ent- worfen	gezeichnet nach Malerei von	Gra- veur	Figur bemalt von	in Dio- rama
1	2	3	4	5	6	7	8	9	10	11	12

I. Flache Zinnfiguren 30 mm (Fortsetzung)

	zum Thema Kunersdorf am 13. August										
46	im Dorf Oertscher am Boden schlafend	P	1759	33	71 a	S	u		SMS	16	33
47	zu Fuß auf Hügel, Säbel im Boden, und Tote	P	1759	11	10	Gr	u	Knötel	Ni	23	GV
48	zu Fuß auf Hügel, Säbel im Boden	P	1759	7	311	E	G.P.	Knötel			GV
49	zu Fuß auf Hügel, mit Säbel im Boden	P	1759	11	13	Gr	u	Knötel	u	23	GV
	zum Thema Liegnitz am 15. August										
50	sitzend im Mantel, am Abend vorher	P	1760	33	97	S	u	Röchling	SMS	16	34
51	zu Pferd stehend	P		11	o.N	E	u		L.Fr.	15	
52	zu Fuß mit Taschen- perspektiv beobachtend	P		33	598	E	u	E.E.	SMS		
	zum Thema Torgau am 3. November										
53	vom getroffenen Pferd fallend	P	1760	78		Gr	u	E.E.	u	14	35
54	in der Dorfkirche zu Elsnig, schreibend	hFl	1760	7	324	Gr	Hi	Röchling	Sö	15	37
55	durch ein Fernglas be- obachtend, auf Schulter eines Husaren	P		33	599	Gr	u		SMS	27	39

I. Flache Zinnfiguren 30 mm (Fortsetzung)

56	zu Pferd stehend	P		137	41/1	E	RG		HGL		
57	zu Fuß im Neztebruch bei Bauern		1765	78		S	HGL		HGL		
58	zu Fuß stehend	P		24	448	E	u		Sa		
59	sitzend, mit Stock zeigend	P		7	325	S	Gei	Röchling	Gr	17	45
60	zu Pferd, ruhig stehend	P		24	403	E	u		L.Fr.	29	GV
61	zu Fuß, in Gesprächs- pose	P		33	570	E	u		SMS		
62	zu Pferd, im Trab mit zwei Barsois	P		24	401	Gr	u		L.Fr.		
63	zu Fuß			215		S	Bs		Kn	27	14
64	zu Pferd, in schnellem Galopp	P		11		E	u		u	29	GV
65	am Tisch sitzend und schreibend	P		7	223	Gr	He	Knötel	Gr	6	44
66	zu Fuß, Kaiser Joseph II. empfangend	F	1769	230	40	S	RS	Menzel	HGL	21	46
67	zu Fuß, Baupläne neues Palais zu Potsdam betrachtend	hFl		160	36	S	L		Ri	16	42
68	auf seinem Schimmel Condé	hFl		33	407	E	u		SMS	29	GV

Lfd. Nr.	Darstellung Friedrich II.	Stellung	Bezug zum Jahre	Kode	Type Nr.	Art	Figur entworfen	gezeichnet nach Malerei von	Graveur	Figur bemalt von	in Diorama
1	2	3	4	5	6	7	8	9	10	11	12

I. Flache Zinnfiguren 30 mm (Fortsetzung)

Lfd. Nr.	Darstellung Friedrich II.	Stellung	Bezug zum Jahre	Kode	Type Nr.	Art	Figur entworfen	gezeichnet nach Malerei von	Graveur	Figur bemalt von	in Diorama
69	zu Fuß, auf Stock stützend	hFl		166	1002	S	Gr	Knötel	HGL	21	49
70	zu Pferd, im Schritt reitend	P		7	1	E	Fr	E.E.	SMS	18	
71	in Reisekutsche mit 4 Pferden	P		33	67	S	u		SM	16	43
72	zu Pferd, von der Potsdamer Schuljugend umjubelt	P		160	43	S	Hei	Röchling	Gr	16	47
73	zu Pferd im Schritt	P		11		E	u	Chodowiecki	u	21	GV
74	zu Fuß stehend	P		195		E	u		u	14	10
75	zu Pferd sprengend	F		137	42.1	E	u	Camphausen	HGL		
76	zu Fuß umstehend	hFl		160	778	S	Hei		Ko	17	48
77	begrüßt den alten Ziethen	P	1784	160	44	S	L	Röchling	Ri	16	50
78	im Sessel sitzend	P	1786	7	308	E	Fr	E.E.	SMS		
79	im Lehnstuhl sitzend	P	1786	33	151	E	u	Röchling	SMS	16	51
80	Tod am 16. August 1786		1786	174	KB25	S	Hei		Ri	19	52
	Nachtrag 131 als Kronprinz	hFr	1719	33		S			SMS		

Lfd. Nr.	Darstellung Friedrich II.	Stel- lung	Bezug zum Jahre	Kode	Type Nr.	Art	Figur ent- worfen	gezeichnet nach Malerei von	Gra- veur	Figur bemalt von	in Dio- rama
1	2	3	4	5	6	7	8	9	10	11	12

II. Flache Zinnfiguren unterschiedlicher Größe von Friedrich II.

		mm									
81	zu Pferd stehend	115	P		181		E	zu	Chodowiecki			
82	mit Voltaire spazierengehend	75	F	1751	194		Gr	Ho	Röchling	Hoh	17	GV
83	zu Pferd im Schritt	110	P	1763	u		E	u		u	11	GV
84	zu Pferd sprengend	120	hFr	1756	158	2	E	GR	Camphausen	HGL	23	GV
85	Flöte spielend	60	P	1750	33		E	u	Menzel	SMS	30	GV
86	zu Pferd umsehend	100	hFr		228		E	MW	Schuch	MW	11	GV
87	zu Pferd stehend	60	P	1763	16		E	HGL	Chodowiecki	HGL	17	GV
88	zu Fuß mit zwei Barsois	60	F		228		Gr	MW	Schuch	MW	16	GV
89	zu Pferd im Schritt	120	P	1763	130		E	AS	Chodowiecki	AS	23	GV
90	auf Baumstamm sitzend	40	nFl	1757	158	1	E			Gr	17	GV
91	zu Pferd stehend	115	P	1770	33	1214	E	u	Chodowiecki	Sö	11	GV
92	zu Pferd, im Schritt	70	P		195		E	M	Chodowiecki		11	GV
93	zu Pferd, weisend	40	hFl	1757	162	Pr 3	E		E.E.	M	22	40
94	zu Pferd, stehend		P		195		E	M		M		GV
95	zu Pferd, stehend		P		232		E	M		M		GV

Lfd. Nr.	Darstellung Friedrich II.	Stel-lung	Bezug zum Jahre	Kode	Type Nr.	Art	Figur ent-worfen	gezeichnet nach Malerei von	Gra-veur	Figur bemalt von	in Dio-rama
1	2	3	4	5	6	7	8	9	10	11	12

III. Flache Zinnfiguren 20 mm

96	bei seinem Stabe bei Leuthen	P	1757	78*		E			HGL		GV
97	mit Fahne bei Zorndorf	P	1758	78*		E			HGL		GV
98	sitzend vor Sanssouci	P	1785	78*		E			HGL		GV
99	zu Pferd stehend	P	1780	16		E	HGL	Chodowiecki	HGL	23	38
100	zu Pferd stehend	P	1780	156		E	M	Chodowiecki	M		GV
101	mit Prinzessin Elisabeth von Braunschweig-Bevern	P	1733	229		S	Hei	30-mm-Figur	Gr	26	GV
102	beim Bau des neuen Palais zu Potsdam	hFl	1764	229		S	Hei	30-mm-Figur	HGL	26	GV
103	verleiht den schwarzen Adlerorden einem General	P	1755	229		S	Hei	30-mm-Figur	Gr	26	GV
104	begrüßt den alten Ziethen	P	1784	229		S	Hei	30-mm-Figur	Gr	26	GV

---

* ehemals Kollektion Friedrich Schirmer

Lfd. Nr.	Darstellung Friedrich II.		Stel-lung	Bezug zum Jahre	Kode	Type Nr.	Art	Figur ent-worfen	gezeichnet nach Malerei von	Gra-veur	Figur bemalt von	in Dio-rama
1	2		3	4	5	6	. 7	8	9	10	11	12

IV. Flache Zinnfiguren, deren Gußformen verlorengegangen sind. Diese Figuren sind nur bemalt ausgestellt.

Lfd. Nr.	Darstellung Friedrich II.	mm	Stel-lung	Bezug zum Jahre	Kode	Type Nr.	Art	Figur ent-worfen	gezeichnet nach Malerei von	Gra-veur	Figur bemalt von	in Dio-rama
105	im Schritt	80			Hilbert Nbg.				Chodowiecki		Erstbemalung	GV II
106	im Schritt	95		1780	u	u	u	u		u	23	GV II
107	im Schritt	130		1840	Söhlke, Berlin						25	GV II
108	Tagungsfigur Leipzig 1930, mit zwei Barsois	30		1845						L. Fr.	23	GV II
109	Tagungsfigur Potsdam 1932	30	F	1930						SMS	23	GV II
110	zu Fuß mit zwei Barsois 1930	30	F	1932	Kunst-maler Timm					SMS	10	GV II
111	zu Pferd stehend	30	P	vor 1914	Rieche Han.			Hut			24	GV II
112	zu Fuß	30	P	vor 1914	Rieche Han.						24	GV II
113	zu Pferd	30	P	vor 1840	Hasel-bach, Berlin						24	GV II
114	zu Pferd im Schritt	30	P	vor 1900	11						21	GV

V. Plastische Zinnfiguren verschiedener Größen (sind in Glasvitrine IV aufgestellt)

Lfd. Nr.	Darstellung Friedrich II.	Leihgeber	mm	Offizin
115	zu Fuß	Bengelsdorf, Berlin	77	HO
116	zu Pferd	Assmann, Berlin	30	Fr
117	zu Fuß	Assmann, Berlin	35	U
118	zu Fuß	Assmann, Berlin	90	U
119	zu Fuß	Schienke, Berlin	30	Fr
120	zu Fuß	Schienke, Berlin	54	Ar
121	zu Fuß	Schienke, Berlin	54	Tr
122	zu Pferd	Schienke, Berlin	54	Sc
123	zu Fuß	Archiv, Braunschweig	54	A
124	zu Fuß	Archiv, Braunschweig	54	A
125	zu Fuß	Archiv, Braunschweig	54	A
126	zu Pferd	Rein, Berlin	90	B
127	zu Fuß	Rein, Berlin	54	N
128	zu Fuß	Archiv, Braunschweig	54	A
129	zu Fuß, sitzend	Puchala	54	P
130	zu Fuß, stehend	Puchala	54	P

Erläuterungen der Kodes in der tabellarischen Übersicht aller für einen Zinnguß vorhandenen und bis Ende 1985 ermittelten kulturhistorischen Porträtminiaturfiguren von Friedrich II., 1712–1786.

Spalte 3: Stellung
P   = Profilfigur
F   = Frontalfigur
hFr = Halbfrontalfigur nach rechts
hFl = Halbfrontalfigur nach links

Spalte 4: Figur hat Bezug auf das Jahr
– soweit die Figur auf eine einmalige Situation Bezug hat, wurde die Jahreszahl aufgenommen.
– soweit die Figur für verschiedene Situationen Verwendung finden kann, wurde keine Jahreszahl angegeben.

Spalte 5, 6, 7: Offizin
Die Kodierung (5) entspricht dem internationalen Typenkatalog kulturhistorischer Zinnfiguren. Hier folgt ein Auszug, soweit die Ausgabe von Figuren Friedrichs II. bekannt geworden ist.

für Spalte 5:

Kode:	Offizine von:		
7	Bunzel, Hamburg	160	Reibold, Berlin
11	Heinrichsen, Nachfolger, Nürnberg	162	Dr. Dankschat, Wolfenbüttel
16	Lecke, Reburg-Lokkum	166	Golberg, Kaltenkirchen
23	Neckel, C., Hattenhofen	174	Klio-Verein, Berlin
24	Ochel, Kiel	181	Fechner, Michelsbach
33	Scholtz, Werner, Berlin	185	Laqua, Berlin
58	Hafer, Kassel	194	Hohrath, Esslingen
60	Franke, Reutlingen	195	Tylinski, H., Berlin
78	Tobinnus, Hannover	215	Wohlmann, Berlin
130	Schweitzer, Diessen	228	Worbs, Marleen, Lübeck
137	Grünewald, Wedemark-Elze	229	Gottschalk, Berlin
156	Schulz, Berlin	230	Museumverein e. V., Berlin
158	Wenglewski, München	232	Meinicke, Berlin

ältere, nicht mehr vorhandene Offizine:

H	Hilpert, Nürnberg
T	Timm, Nürnberg
S	Söhlke, Berlin
Ha	Haselbach, Berlin
R	Rieche, Hannover

noch Spalte 5:

Kode:	Offizine der plastischen Figuren
A	Archiv-Verlag, Braunschweig
B	Barton Miniatures, Norfolk (GB)
H	Hoch, Dr. Peter, Potsdam (DDR)
N	New Hope, Rothbury (GB)
Tr	Tradition, London (GB)
Sc	eigene Bastelarbeit, Schienke, Berlin
Ar	Arakunst, Alt Ransberg (BRD)
UP	Ulrich Puchala, Blaustein-Herrl.

Spalte 6: gibt – soweit vorhanden – die Nummer auf den Fußbrettchen der Figur der jeweiligen Offizin an.

Spalte 7: gibt an, ob es sich handelt um:

E	=	Einzelfigur
GR	=	Figur in einer Gruppe
S	=	zur Serie gehörig, die von der Offizin in der Regel nur geschlossen abgegeben wird.

Spalte 8, 9, 10:

Kürzel des Entwurfsminiaturzeichners Spalte 8

Ets, Gemälde, Stich, nach denen der Entwurf angefertigt wurde Spalte 9

Kürzel des Graveurs (siehe nachfolgend) Spalte 10

Auch diese Kürzel für Spalte 8 und 10 entsprechen gleichfalls dem Kodesystem des internationalen Typenkatalogs, für den seit dem ersten Internationalen Zinnfigurenfestival in Amsterdam 1956 sowohl Niederländer als auch zu einem späteren Zeitpunkt Freunde des Vereins zur Förderung des Berliner Zinnfigurenmuseums e.V. zu Berlin tätig sind.

für Spalte 8: Entwerfer / Zeichner

Kode:	Namen:		
u	unbekannt	M	Meinicke, Thomas
Bö	Bölling	Ma	Madlener, Ludwig
Fr	Fritsch, Prof. Hans	Me	Mefsmer, K.
RG	Grünewald, R.	Nes	Nesselberger, Hans
Hei	Heinrichs, K.	GP	Pelletier, G.
HO	Hoch, Dr. Peter	GR	Rau, Gerhard
Ho	Hohrath, Eva	RS	Schmidt, Renate
H.G.L.	Lecke, HGL	AS	Schweitzer, Anni
L	Lehnhart, Ulrich	MW	Worbs, Marleen

Spalte 9: Maler von Gemälden, Etzen, Stichen, nach denen Zinnfiguren entworfen wurden:

Camphausen, Wilhelm	1819–1885
Chodowiecki, Daniel	1726–1801
Knötel, Richard	1857–1914
Menzel, Adolf von	1815–1905
Rauch, Christ. Daniel	1777–1857
Röchling, Carl	1855–1925
Schuch, Werner	1846–1903

Inwieweit diese Maler selbst auch Zinnfiguren von Friedrich II. entworfen und den Graveuren zur Verfügung gestellt haben, ist nicht mehr festzustellen. Die meisten Zinnfigurenentwürfe sind jedoch erst nach dem Tode dieser Maler – jedoch an Hand ihrer Bilder – entstanden.

für Spalte 10: Graveure

Kode:	Namen:		
u	unbekannt	H	Hoch, Dr. Peter
HGL	Lecke, H.G.L.	Hoh	Hohrath, Daniel
Gr	Grünewald jr., R.	M	Meinicke, Thomas
LF	Frank, Ludwig	Laq	Laqua, Andreas
Tm	Timm	Sa	Sambeth, W.
SMS SMJ	Meier, Sixtus Sen. u. Jun.	Ri	Rieger, K.W.
Sö	Söllner, Dr. Gerhard	Kn	Knoll, M.
Ko	Kovar, Peter Ewald	As	Schweitzer, Anny
Fe	Ferriglu	MW	Worbs, Marleen
Ni	Niewert		

Spalte 11: Kodezahlen siehe Leihgeber Seite 9 des Kataloges.

Es ist in diesem Rahmen nicht machbar, für jedes einzelne Diorama anzugeben, aus welcher Offizin die Gestalter Figuren nutzten.

In den Dioramen fanden in unterschiedlichen Mengen Zinnfiguren der folgenden Offizine Verwendung:

Name	Wohnort
Bunzel, Ruthard*	Hamburg (Herbu)
Droste, Melitta von	Erdmannshausen (Dr.)
Fechner, Werner	Michelbach (Fe)
Fohler, Edith	Wien (Fo)
Golberg, C.P.*	Kaltenkirchen (Go)
Gottschalk, Gottfried*	Berlin (Gt)
Grünewald, R.*	Wedemark-Elze (Gr.)
Hafer, Wolfgang*	Kassel (Ha)
Heinrichsen, Erben	Nürnberg (He)
Hohrath, Daniel	Esslingen (Ho)
Klio – Freunde der Zinnfigur*	Berlin (Kl)
Kovar, P.E.	Wien (Ko)
Kulturamt	Kulmbach (Ku)
Laqua, A.u.A.*	Berlin (La)
Lecke, H.G.*	Rehburg-Loccum (Le)
Museumförderverein e.V.*	Berlin (BZM)
Neckel, F.C.	Hattenhofen (N.S.)
Ochel-Kroschewski*	Kiel (K–Z)
Oldhafer, H.D.	Grönendeich-Huttfleet (OL)
Reibold, Hans-Joachim	Berlin (Rei)
Scholtz, Werner u. Nachf.	Berlin (So)
Schultz, Dieter	Berlin (DS)
Tobinnus, Gerhard*	Hannover (To)
Wohlmann, K.u.W.*	Berlin (Wo)

* Spendeten Ihre Typen Friedrichs II. für die Ausstellung und das Berliner Zinnfigurenforum und -Museum (in Vorbereitung). Hierfür wohlgemeinten Dank.

Nachweis der Schwarz-/Weiß-Bilder im Text

aus »Berühmte Köpfe«
Lexikon-Verlag C. Bertelsmann 1959
Nr. 3, 15

Gemäldegalerie Schloß Charlottenburg
Nr. 4, 6, 10, 11, 18

aus »Dreihundert Bildnisse und Lebensabrisse«
Hrsg. Ludwig Bechstein,
Portraits gezeichnet und geschnitten von Hugo Bürkner 1854, im Verlag von Georg Wignand zu Leipzig
Nr. 2, 5, 9

Kupferstichkabinett der Stiftung Preußischer Kulturbesitz
Nr. 1, 7, 17

aus Privatbesitz
Nr. 13, 19

Zinnfiguren
Klio – Berlin – Freunde der Zinnfiguren
Nr. 12

Offizin Hohrath
Nr. 14, 16

Verein zur Förderung des Berliner Zinnfigurenmuseums e.V.
Serien Seite 24